学級経営サポートBOOKS

教室の願いをかなえる
ちょこっと アイテム

髙橋 朋彦・古舘 良純 著

明治図書

は じ め に

「そんな大きな筆箱を使っているの？」

　私が初任の頃，たくさんの筆記用具を入れるために大きな筆箱を使っていました。これは，そんな私の筆箱を見た先輩のセリフです。私が，

「筆記用具が多すぎて大きくないと持ち運べないんです。」

と言うと，先輩は

「筆箱の中をよく見てごらん。本当に全部必要？」

と言いました。試しに，筆箱の中身を全部机の上に広げてみました。すると，芯の折れた鉛筆や真っ黒の消しゴム，目盛りの見えない定規や折れ曲がったクリップなど，普段使わないものばかりが出てきたのです。
　私がいつも使っている「赤ペン」は，筆箱の下の方に埋もれていました。
　それを見た先輩は，

「そのいつも使っている赤ペン１本を探すのに，すごく時間がかかるでしょ？その時間が積み重なると，無駄な時間がすごく増えるよね。」

　続けて先輩は

「その無駄な時間がなくなれば，子どもと向き合う時間がもっと増えると思わない？」

と言いました。私は，ハッとしました。私がいつも仕事に追われ，子どもと向き合う時間を確保できないでいたのは，無駄な時間をつくり出していたからだと気づいたからです。

本書では，授業づくりや学級づくりに役立てたり，仕事の時間を短縮させたりするのに役立つ，ちょこっとしたアイテムを60紹介させていただいています。私と古舘にとって，「ちょこっとアイテム」は，

『教室の願いを実現させるためのアイテム』

です。

「子どもにわかりやすい授業をしたい！」
「笑顔があふれる学級をつくりたい！」
「少しでも子どもと向き合う時間をつくりたい！」

　そんな願いを実現するために，何度も何度も試行錯誤して生まれたアイテムと，その活用方法です。

　本書は，読者のみなさんに，すぐに活用していただけるよう，次のようなページ構成になっております。

■こんなことありませんか？（学校生活の課題）
■アイテムの使用例（具体的場面）
■画像（場面の解説）
■ちょこっとアイテム（具体的な手立て）
■なんのためのアイテム？（ねらい）

　読者のみなさんの教室での願いが実現できるよう，お手伝いができたらと思っています。本書が少しでもお役に立てれば幸いです。どうぞよろしくお願いいたします。

髙橋　朋彦

CONTENTS

第1章

アイテムを
活用する
3つのポイント

アイテムでポジティブを手に入れよう

仕事をしていて
「全然時間が足りない」
と思うことや，
「全然気持ちがノッてこない」
ということはありませんか？

このようなネガティブな状態の時，子どもの前に笑顔で立つことは難しいものです。ネガティブな状態をポジティブな状態に変えることが教師の笑顔につながり，子どもの笑顔につながります。

ポジティブな状態を手に入れるための1つの方法が「アイテム」の使用です。

授業のサポートをするアイテムを手に入れられれば，授業が活発になったり効率よく流せたりします。学級づくりをサポートするアイテムを手に入れられれば，学級が盛り上がったり活動がスムーズになったりします。仕事の時間を短縮するアイテムを手に入れられれば，時間の余裕が生まれたり気持ちのよい仕事ができたりします。

つまり，みなさんに合った「アイテム」を手に入れられれば，ポジティブな状態をつくることができ，子どもの笑顔につなげることができます。それが，学校生活を豊かにすることにつながります。

この「ちょこっとアイテム」を通して，みなさんのポジティブな状態をつくり，教室の願いをかなえるお手伝いができたら幸いです。

アイテムでモチベーションを高めよう

　新しい手帳を買った時，新しいノートを開いた時，新しいペンで丸つけした時，自分自身のモチベーションが高まっていると感じます。道具が変わっただけなのに，なぜかワクワクします。

　逆に，新しくなくても手に馴染んでいるだけで安心感を得られたり，そこにあるだけで落ち着いたりする「アイテム」もあります。

　例えば，本書に掲載されている「オリジナルシール」は，毎年デザインが変わります。カラーバリエーションも自由にできるので，時間を忘れてデザインしてしまいます。作る度にモチベーションが高まります。

　初任者時代に作った「テスト保管棚」は，13年間も使い続けています。ホームセンターでベニヤ板と角材を購入し，放課後の図工室で組み立てた思い出があります。古くなりましたが，いつもその棚があるだけで安心します。

　きっと「アイテム」は，仕事を支える道具である以上に，私たちの心も支えてくれているのでしょう。「アイテム」は，なくてもよいけれどあったら便利であり，私たちの心を豊かにしてくれているのです。

　ただし，私自身はアイテムが多いわけではありません。「何でもかんでも揃えればよい」ということではないと考えているからです。

- 　自分自身のスタイルに合わせて取り入れる
- 　本当に必要か考えて手に入れる
- 　子どもたちの笑顔を引き出す

　私が大切にしているアイテムは，こうした願いのもとに揃えられました。
　私たちは，アイテムで学校生活を豊かにしていきたいと願っています。

しかし，アイテムがあふれることと学校生活を豊かにすることは同じではありません。便利だと思って安易に取り入れたアイテムが，後々になって「使い勝手が悪い」と感じたり，「教室にフィットしない」と感じたりする場合もあるからです。

　逆に言えば，不便さの中で子どもたちのアイディアが輝く時もあります。アイテムがないから必死に考え，その不格好さが美しく見えることもあります。「アイテムを揃えることが全てではない」と感じることもあります。

　つまり，学校生活を豊かにするとは「アイテムを手に入れて学級に導入する」という可視の豊かさ加え，「アイディアや思いがあふれる」という不可視の豊かさも意味しているのです。

　私たちはこれまで，「ちょこっとスキル」シリーズとして，「授業づくり」「学級づくり」を紹介させていただきました。そして今回，「アイテム（アイディア）」を紹介させていただきます。

　本書を読んだみなさんが，教室に「ちょこっとアイテム」を導入している様子を思い浮かべ，原稿を書かせていただきました。先生方の「やってみたい」「生かしてみたい」を支えられるようになることが私たちの願いです。

　アイテム（アイディア）は「知れば使える」ことが強みです。

　みなさんの教室の願いをかなえる，「明日使える」アイテム（アイディア）であることを願っています。

ポイント
3

アイテムを効果的に使おう

　ゲームでは，アイテムを手に入れた瞬間にキャラクターの能力が上がり，気持ちよくプレイできるようになります。

　しかし，どうやら現実世界ではそのようにはいかないようです。

　同じアイテムでも，より効果的に使える人もいればそうでない人もいます。では，アイテムをより効果的に使うためにはどうしたらよいのでしょう？

　私は，試行錯誤したり工夫したりして，使いこなせるようになることが大切だと考えます。

　アイテムを使うことには，次のような段階があると考えています。

| 第1段階　…　アイテムを持っているだけの状態 |
| 第2段階　…　アイテムを持っているが、うまく使えない状態 |
| 第3段階　…　アイテムの使い方を考えながら、うまく使える状態 |
| 第4段階　…　アイテムの使い方を考えずに、うまく使える状態 |

　第1・2段階と，どちらもうまく使えていない状態です。つまり，初めからアイテムをうまく使えるわけではないのです。第3段階へとレベルアップすることで，初めてうまく使えるようになってきます。そして，実践を積み重ねることで第4段階へレベルアップし，意識せずとも自然とアイテムを使えるようになります。

本書を読むことで，第1段階の状態である「アイテム」を手に入れることができます。しかし，この段階ではアイテムを使いこなせているとは言えません。つまり，役に立つ状態ではないということです。

　では，具体的にどのようにアイテムを使っていけばよいのでしょうか？
　それは，

「意識して実践し，振り返る」です。

　「意識して実践し，振り返る」ことで初めて，アイテムの使い方や効果を体感することになり，さらに効果的な力を引き出すことにつながります。
　そして，「意識して実践し，振り返る」ことを続けることによって，自分オリジナルのアイテムが生まれることがあります。自分で生み出したアイテムは，生涯を通して自分を助けてくれる最高の力になってくれます。
　この「ちょこっとアイテム」は，私たちが意識して実践し，振り返ったことによって生まれたアイテムもたくさんあります。それらのアイテムは，私たちの教師人生を助けてくれる貴重なアイテムとなりました。

　とは言っても，ずっと使い続けられるアイテムもありますが，教師の成長や学級の実態によっては必要でなくなるアイテムも出てきます。状況に応じて使い分けることも，アイテムを効果的に使う方法の1つかもしれませんね。

　本書を通して，みなさんの学校生活が豊かになるアイテムが見つかるとうれしいです。

第2章

願いをかなえる
「ちょこっとアイテム」

60

意図的指名がつくれる
「ナンバーマーク指名」

♦ こんなことありませんか？

「発表できる人？」

と聞いて色々な子に発表をさせると，効果的な順番で発表をさせることができません。有名な教育実践家・野口芳宏先生は効果的な順番で発表させるために，挙手指名ではなく，意図的指名が大切だと述べられています。

意図的指名をするためには，子どもの考えをノートに書かせて教師が内容を確認し，発表順を決めます。しかし，授業をしながらスムーズにノートに順番をメモして指名するのは難しいものです。

そんな時，番号の書かれたマークを発表する子どもの机の上に置いてみてはいかがでしょう？マークに書かれた番号が子どもの発表する順番になります。順番が関係ない発表の場合は，「発」マークを渡しても効果的です。

♥ アイテムの使用例

社会科の時間で机間指導をしている時，AくんとBくんとCくんの意見が時系列であることに気づきました。そこで，番号の書かれたナンバーマークを机の上に置きました。

「マークが置かれた人は起立します。」「番号の順で発表しましょう。」

と言うことで，時系列の順で発表させることができ，授業が深まりました。

順番が関係ない時は「発」マークが効果的です。

番号の書かれたマークを発表順に机の上に置きます。

ちょこっとアイテム

❶ 番号の書かれた「ナンバーマーク」を用意する。

❷ 机間指導をして発表順を決める。

❸ 発表順に「ナンバーマーク」を置く。

❹ 発表順が関係ない時は,「発マーク」が有効。

🗨 なんのためのアイテム？

✓ スムーズに意図的指名をするため。

ランダム指名でドキドキしちゃう「わりばしくじ」

♦ こんなことありませんか？

「誰かこの文章を読んでくれる人？」

と，子どもに言った時にシーンとしてしまうことはありませんか？どんな内容でも構わないのに動こうとしない。そして，発表してくれるのは結局いつものあの子…。色々な子に発表してもらいたいのに。

そんな時にこの「わりばしくじ」が役に立ちます。割り箸に出席番号を書いておき，引いた番号の子を指名します。

発表の機会を与えられるだけではありません。いつ指名されるかわからないので，授業によい緊張感を与えます。

♥ アイテムの使用例

算数の最後に振り返りの交流をする時のことです。どんな意見でもよいので，普段発表しない子に発表してほしい場面でした。しかし，シーンとしてしまい，発表ができません。そんな時にこのアイテムを発動！

「くじが当たった人が発表しましょう。」

「36番。」

普段発表しない子に当たり，きちんと自分のノートに書かれた振り返りを発表することができました。

誰に当ててもよい場面で
使います。

席替えや，グループを
決める時にも活躍します。

ちょこっとアイテム

① 割り箸に出席番号を書く。
② 誰が当たってもよい時に使う。
③ くじが当たった子が発表する。

💬 なんのためのアイテム？

- ✔ 普段発表しない子に発表させるため。
- ✔ 授業に緊張感をもたせるため。
- ✔ 授業時間を確保するため。

アドリブで作れる
「板書用短冊」

♠ こんなことありませんか？

　子どものよいアイディアが出たので，共有しようと思ったのですが，必要な数の小黒板がない。小黒板はあるのだけれど，必要以上に大きすぎて使いづらい。子どものアイディアを黒板に貼って授業を進めたいのですが，ちょうどいい教具がない。そんなことはないでしょうか？

　そんな時は，教室に白いコピー用紙を置いておきましょう。必要なサイズの用紙を置いておくだけで，考えを書かせて黒板に貼ることができます。

　黒板に貼る時に使う磁石は，マグネットシールでも，普通の磁石でも構いません。

♥ アイテムの使用例

　漢字３文字以上の熟語の学習の時間に，子どもに漢字を書いてもらい，黒板に貼って解説しながら授業を展開しようと思いました。しかし，黒板に貼るちょうどいいサイズの教具がありません。

　そこで，教室にあるコピー用紙をちょうどいいサイズに切って漢字を書かせました。その後，磁石で黒板に貼り，子どもの書いた漢字を解説しながら授業を展開することができました。

ちょこっとアイテム

① コピー用紙を教室に置いておく。
② 必要なサイズに切って子どもに書かせる。
③ 書いた考えを磁石で黒板に貼る。

🗨 なんのためのアイテム？

- ✓ 必要な教具を柔軟に用意するため。
- ✓ 思いついた時にすぐに使えるようにするため。

子どもたちが参加したくて
たまらなくなる「班チョーク」

♦ こんなことありませんか？

　子どもたちが主体となる授業がしたいと思っているはずなのに，「これわかる人？」「この問題解ける人？」と言うと，特定の子ばかりが前に出てきてしまうことはありませんか？教室の中に，「僕には関係ない」「私はやらなくてもよい」という雰囲気が生まれてしまい，主体性が育まれないまま授業が進んでしまいます。

　そんな時は，色々な子にチョークを使わせてみてはいかがでしょう？不思議なもので，子どもがチョークを持つと主体的な雰囲気が生まれます。

♥ アイテムの使用例

　算数の学習で，「単位」について学ぶ単元がありました。導入時に「単位」という言葉について考えさせ，班ごとに「世の中の単位」を書き出す作業をさせました。

　個人で考え，班で考えた後，班ごとにチョークを渡しました。

　「班で順番を決めて黒板に単位を書きます。時間は10分です。」

　と指示を出し，班ごとのスペースに書かせました。必ず順番が回ってくるので，子どもたちの授業への参加意欲が一気に高まりました。

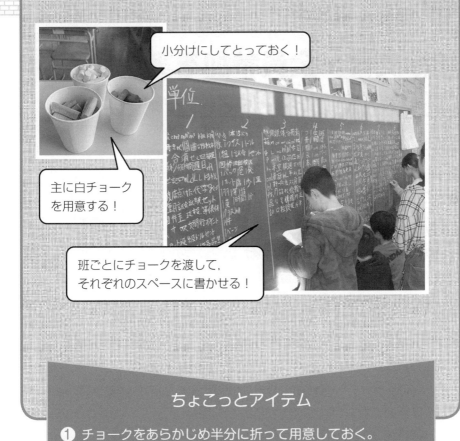

小分けにしてとっておく！

主に白チョーク
を用意する！

班ごとにチョークを渡して，
それぞれのスペースに書かせる！

ちょこっとアイテム

① チョークをあらかじめ半分に折って用意しておく。
② 色ごとに区別して分けておく。
③ 子どもたちが黒板に書く時に使わせる。

💬 なんのためのアイテム？

✓ 黒板に意見を書くことで，授業への参加者意識を生むため。
✓ 子ども用に準備しておくことで，授業で活用しやすくするため。

15秒交代・全員参加を実現する 「班の数だけタイマー」

🌢 こんなことありませんか？

　国語の授業で「スピーチ」をさせたい。算数の授業で「説明」をさせたい。社会科の授業で「話し合い」をさせたい…。このような場合，「○時○分までね！」や「じゃあ5分間練習ね！」と言って，教師が一括管理することが多いのではないでしょうか。

　しかし，後半になってスピーチの練習がだらけてしまったり，説明ができない子は黙って過ごしてしまったりすることがあります。与えられた時間に緊張感がないからです。

　そんな時，タイマーを班に1つ与え交代で使わせます。一気に緊張感が生まれます。必ず順番が回ってきて，正確に時間を計ることができます。

💜 アイテムの使用例

　算数の時間に問題の解き方を交流させました。班ごとに机を合わせるようにし，タイマーを1つずつ渡しました。

　①グループで説明の練習をします。説明時間は15秒です。

　②次に練習する人が15秒セットして「スタート」と言いましょう。

　③全員終わったら2巡目に入ります。「終わり」と言うまで続けます。

　子どもたちは，集中して時間いっぱい活動を続けることができました。

教卓に貼っておくと
子どもたちが使いやすい！

少なくとも各班に１つずつ。
６～８個あればよい！

同じ種類で揃えると
操作がしやすい！

ちょこっとアイテム

❶ 100円均一でタイマーを購入する。

❷ 最低でも班の数だけは用意する（２人に１つずつくらいあるとよりよい）。

❸ 子どもが自由に取って使える位置に貼り，保管しておく。

🗨 なんのためのアイテム？

✓ 子どもたちのペースで活動を進めるため。

✓ 全員が参加者となって，活動に取り組むため。

授業態度を向上させる「心得掲示物」

🔹 こんなことありませんか？

　授業中をはじめとする学校生活の中で，子どもたちの素晴らしい行為に出会うことがたくさんあります。担任としても，子どもたちをほめて伸ばしたいと思い，それらを価値づけてほめることがあります。

　しかし，素晴らしいことを伝えているはずなのに，周りの子どもたちの反応があまりよくありませんでした。その話を聞いてどうしたらよいかわからないようでした。

　授業では，「お互いに称え合う」という「授業態度」が必要です。そうした姿勢を向上させるための指導を「心得」として残すことにしました。

🖤 アイテムの使用例

　国語の説明文で，筆者の主張をよく読み取っている子がいました。本文の叙述に則して熱心に説明する姿がとても立派でした。しかし，発言が終わると教室はシーンとしてしまいました。むしろ，その熱量にどうしてよいかわからない状態でした。

　そこで，「大きな拍手！」と言って拍手を促しました。しかし，「パチパチ…」と乾いた音が鳴りました。私は，「強く・細かく・元気よく・打点を高く・相手へ贈る」と言って再度拍手を促しました。教室には大きな拍手が鳴り響き，この指導を画用紙にまとめて掲示しました。

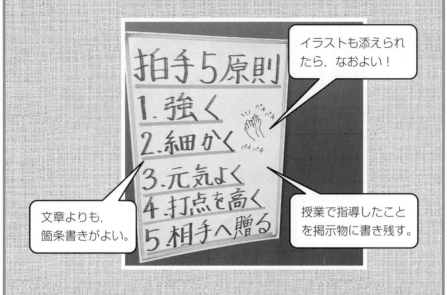

イラストも添えられたら，なおよい！

文章よりも，箇条書きがよい。

授業で指導したことを掲示物に書き残す。

ちょこっとアイテム

① 授業中の「教科指導とは別の大切なこと」を画用紙に書く。

② できれば，八つ切りくらいの大きさの画用紙に箇条書きで書ける程度にする（大きくしっかりしたものを作ろうと思うと指導から掲示までに時間がかかる）。

③ 教室に掲示し，学びの足跡として指導の立ち返りとする。

💬 なんのためのアイテム？

- ✔ 学校生活を貫く学びへの姿勢を蓄積するため。
- ✔ 「当たり前」と言われることも，「可視化」して共通理解を図るため。

　※心得の内容として，中村健一先生の拍手のご実践を参考にしました。

思いついたらすぐできる
「ミニホワイトボードフラッシュ」

♦ こんなことありませんか？

　何気なく教室で過ごしている時，「あ！フラッシュカードで授業の導入をしたい！」と思いつくことはないでしょうか？しかし，もうすぐ授業が始まってしまいます。授業を計画的につくるのが大切だということはわかっています。しかし，アイディアは突然に降ってくるものです。

　これは，その場でフラッシュカードを作って活用するためのアイテムです。突然のアイディアに対応できるだけでなく，授業準備の時短にもつながります。

♥ アイテムの使用例

　算数の時間が始まる少し前のことです。フラッシュカードで，概数の復習をしたいと考えました。しかし，もうフラッシュカードを準備する時間がありません。そこで，このアイテムを発動！

　フラッシュカードのように，ミニホワイトボードを「書く→出題する→消す→書く」という手順で提示します。

　ミニホワイトボードに上から2桁を四捨五入と書いて，その下に数字を書きました。

　子どもたちは，フラッシュカードと同様に，四捨五入した数値を答えて復習することができました。

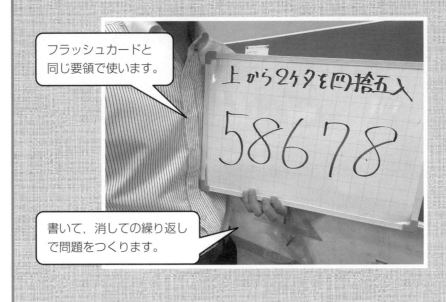

書いて，消しての繰り返し
で問題をつくります。

ちょこっとアイテム

① ミニホワイトボードを用意する。

② フラッシュカードのように提示する。

③ 答えさせたらまた書いて，新たに提示する。

🗨 なんのためのアイテム？

✓ 思いついたフラッシュカードをすぐに実現させるため。

✓ 授業準備の時短をするため。

間違いに抵抗感がなくなる
「ピンポンブー」

♦ こんなことありませんか？

　子どもたちに問題を投げかけた時，なかなか教師のたどり着いてほしい答えにたどり着けないことはありませんか？ヒントを与えたりしますが，それでも正解にたどり着きません。その間，子どもは間違った答えを言い続けます。その子どもの答えに対して，教師の「違います」「残念」といったネガティブな声かけが増えるので，マイナスの空気が生まれてきます。

　そんな時に，「ピンポンブー」のアイテムがあるだけで，間違いもちょこっとだけ楽しく感じることができます。

♥ アイテムの使用例

　「溌剌（はつらつ）」や「躊躇う（ためらう）」などの難しい言葉を使って，子どもたちに指導することがあります。黒板にそうした難しい言葉を書き，「読める人？」と聞くと，一瞬沈黙します。そんな時，スッと「ピンポンブー」を出すと雰囲気が和らぐので，答えられる子が現れます。その答えに「間違いです。ブッ！」とちょっとだけ音を出します。すると，子どもたちは思わず笑顔になります。次の子は少し長く「ブー！」と鳴らします。だんだんと楽しい雰囲気になり，間違うことへの抵抗感が和らいでいくようになります。

色々な使い道があるなあ。
子どもに持たせても
面白そう！

※『○× ピンポンブー』ジグ

ちょこっとアイテム

❶ 「ピンポンブー」を購入する。

❷ 「学習に関係がある時だけ使う」など，使い方やルールを決める。

❸ 授業やバスレクなどで使ったり，使わせたりする。

🗨 なんのためのアイテム？

✓ 子どもたちが間違いに対して臆することなく発言できるようにするため。

✓ 「ピンポン」か「ブー」で時間をズバッと区切ることができ，授業のメリハリとスピード感を出すことができるようにするため。

話し合いを充実させる
「ラミネート de 小黒板」

♦ こんなことありませんか？

　話し合いを充実させるために，言葉だけでなく図や表を活用させたいと思いました。そこで，小黒板を活用することにしました。しかし，1学級に2枚しか配られていません。

　「6グループ全てに小黒板を使わせたいのに…」

　そんなことはないでしょうか？

　そんな時，ラミネートフィルムを使ってホワイトボードを作ってみてはいかがでしょうか？ホワイトボード用のペンで書き，ホワイトボード用イレーザーで消すことができます。汚れたら，メラミンスポンジできれいにすることができます。

♥ アイテムの使用例

　算数で，図を使って説明し合う活動を取り入れようと授業準備をしていました。しかし，教室に小黒板は2枚しかありません。そこで

　「ないんだったら作ればいいんだ！」

　と考え，大きめのコピー用紙にラミネートをかけて，ホワイトボードをたくさん作りました。磁石の付いているホワイトボードは，充実した話し合いの後に黒板に貼ることで，全体で話し合いの内容を共有することにも使えました。

ホワイトボードを
使って，自分の考え
をグループに伝えて
います。

ちょこっとアイテム

① 大きめのコピー用紙にラミネートをかける。
② 必要な分だけホワイトボードマーカーとイレーザーを用意する。
③ ホワイトボードの裏にマグネットシールを貼る。
④ グループや全体の話し合いで活用する。
⑤ 汚れたらメラミンスポンジで掃除する。

🗨 なんのためのアイテム？

✓ 考えを可視化して充実した話し合いをさせるため。
✓ 教具として，安価に数多く用意するため。

手軽で使いやすい
「テンプレ・ホワイトボード」

♦ こんなことありませんか？

「全体で同じ図形に線を入れながら話し合わせたい！」

「決まった文章の虫食い部分を話し合わせたい！」

と思い，小黒板やホワイトボードを配りました。話し合いは充実する！と思いきや，決まっている部分をかくことに時間がかかってしまい，その後の話し合いに時間を使うことができなかった。そんなことはありませんか？

ラミネートの中の紙を工夫するだけで，決まっている部分をかく時間が短縮できます。

♥ アイテムの使用例

算数の比例の学習の時間に，グラフをかかせて話し合いをさせようとしました。グラフのマス目は単元を通して使うので，同じものを使いまわしたいと考えています。そこで，このアイテム！

「グラフのマス目を印刷してラミネートをかけよう！」

グラフのマス目のかかれたホワイトボードが全部のグループに配られたことによって，書き込みながら考えを交流することができ，話し合い活動が充実しました。

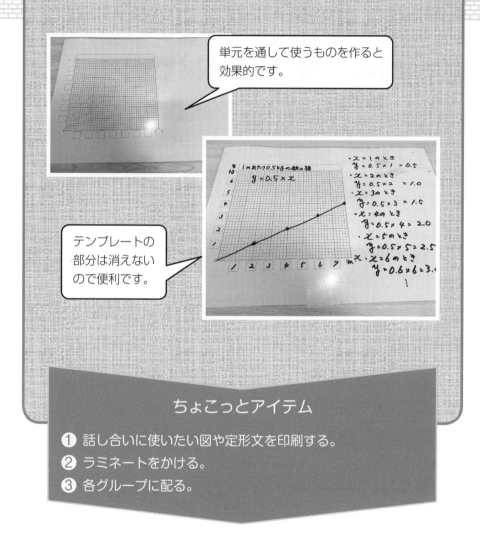

単元を通して使うものを作ると効果的です。

テンプレートの部分は消えないので便利です。

ちょこっとアイテム

① 話し合いに使いたい図や定形文を印刷する。
② ラミネートをかける。
③ 各グループに配る。

🗩 なんのためのアイテム？

- ✔ 話し合いの時間を確保するため。
- ✔ 教材準備の時間を短くするため。

自分の考えをプレゼンできる
「個人用ホワイトボード」

♠ こんなことありませんか？

話し合い活動が充実してくると，学習内容によっては
「全ての子どもにホワイトボードを配って考えを伝えさせたい！」
と思えることが出てきます。

しかし，全ての子どもに用意するのは時間がかかってしまい，とても大変
です。そんな時，Ａ４クリアファイルで簡単に個人用のホワイトボードを作
ることができます。

♥ アイテムの使用例

液量図のかかれたホワイトボードをグループだけでなく，個人に配って活
用させたいと思いました。そんな時にこのアイテム！

Ａ４クリアファイルを用意し，そこに液量図のかかれたコピー用紙を挟ま
せました。

クリアファイルは，ホワイトボード用のペンでかいたり消したりできるの
で，個人でも同じようにかいて考えを伝え合う活動ができました。

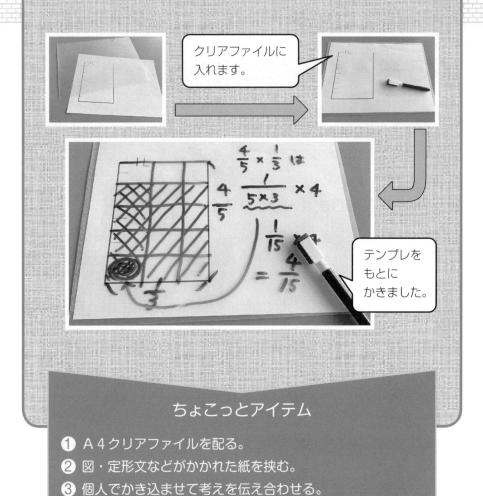

ちょこっとアイテム

❶ Ａ４クリアファイルを配る。
❷ 図・定形文などがかかれた紙を挟む。
❸ 個人でかき込ませて考えを伝え合わせる。

🗨 なんのためのアイテム？

✔ 一人一人が使って，考えを表現させるため。
✔ 教具の準備時間を短縮するため。

班でまとめる学習に大活躍！
「付箋紙」

♦ こんなことありませんか？

　班ごとに学習させた時，特定の子が場を仕切ってしまうことがあります。一見，机を合わせて「チーム」を組んでいるようで，実は何も発言しないまま黙っている子もいます。

　理由として，「考えをもっていない」「考えをもっているが周りが引き出してあげられない」のようなことが考えられます。

　そんな時に付箋紙があれば，個々が自分の考えを文字にすることができます。書くことが難しい子でも，付箋紙の大きさであれば「ちょこっと書く」ことで抵抗感を弱めることができます。

　また，周りの子も「何て書いた？」「ちょっと見せて！」と声をかけやすくなり，友達の意見を引き出そうとするようになります。

♥ アイテムの使用例

　教室にあふれるポジティブな言葉をまとめ，分類させます。まず，自分が大切にしているポジティブな言葉や，よく目にするポジティブな言葉を書き出させました。その後，班ごとに付箋紙を持ち寄って分類しました。「1人5枚は書きます。」「書いたらみんなで聞き合います。」「書いたものをグルーピングしてまとめます。」のように指示を与えながら付箋紙を使うようにさせることで，全ての子が教室にあふれるポジティブな言葉を書くことができました。

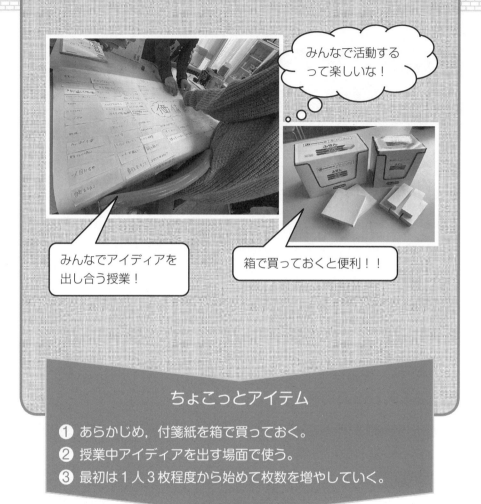

みんなで活動する
って楽しいな！

みんなでアイディアを
出し合う授業！

箱で買っておくと便利！！

ちょこっとアイテム

① あらかじめ，付箋紙を箱で買っておく。
② 授業中アイディアを出す場面で使う。
③ 最初は1人3枚程度から始めて枚数を増やしていく。

💬 なんのためのアイテム？

- ✔ 付箋紙を使うことでお互いの考えを可視化し，対話のきっかけをつくるため。
- ✔ 付箋紙に書くことで自分の考えをもち，授業への参加者になるため。

やる気ＵＰで教え合える
「ミニ先生用赤ペン」

♦ こんなことありませんか？

教え合いをもっと意欲的にさせたいと思うことはありませんか？

そんな時に有効なのが「丸つけペンの貸し出し」です。

子どもは，教師の使う赤いサインペンに憧れをもっています。それを貸してあげることで，友達に教えようとする意欲が高まります。

私の場合，ペン立てに何本か入れてあり，使いたい人に自由に使えるようにしています。

♥ アイテムの使用例

算数の練習問題に取り組んでいる時のことです。もう少し活発に教え合いができたらいいのになぁと思いました。そこで，このアイテム！

「赤ペンを使いたい人は自由にどうぞ。」

教師用の赤ペンを自由に使わせることにより，友達に教えたい子が増え，教え合い活動が活発になりました。

赤ペンを貸し出すだけでやる気アップ！

教室の取りやすい位置に置いておくと効果的！

ちょこっとアイテム

① 教師用赤ペン（赤のサインペン）を用意する。

② 赤ペンをいつでも取れる位置に置いておく。

③ 自由に使わせる（必要ならば「友達同士の丸つけだけに使える」のようなルールをつくる）。

🗨 なんのためのアイテム？

✓ 教え合いに対する意欲を高めるため。

簡単・きれい，スパッと切れる 「ローラーカッター」

♠ こんなことありませんか？

　子どもに配るプリントの余白をカットしたり，簡単なメモやアンケートをとらせるために用紙を半分に切ったりする場面があります。職員室の大きなカッター台を使って切るのですが，子どもが教室にいると，その時間をとることもなかなかできません。ハサミで切ると，切り口が曲がってしまい，汚くなってしまいます。

　そんな時のために，教室にローラーカッターを置いておくことをオススメします。ローラーカッターがあれば，教室で子どもの様子を見ながら作業を進めることができます。

♥ アイテムの使用例

　算数で文章題を書かせる時間を短縮するために，ノートに貼るプリントを用意しました。しかし教室に持ってくると，プリントの余白が広くてノートのスペースを必要以上にとってしまうことに気づきました。

　職員室に戻って大きなカッターで余白部分を切れば早いのですが，戻る時間はありません。そこで，教室にあるローラーカッターを使うことにしました。

　教卓の上でプリントを切ることで，子どもの様子を見ながら作業を進めることができ，切り口がきれいな文章題をノートに貼ることができました。

教室に置いておくだけですぐに使えます。

安全なので子どもにも使わせられます。

※『裁断機 ペーパーカッター ライト』カール事務器

ちょこっとアイテム

① 教室にローラーカッターを置いておく。
② プリントの余白のカットや，用紙を必要な大きさに切る時に使う。

🗨 なんのためのアイテム？

✓ 教材準備の手助けをするため。
✓ 教室で作業をして子どもの近くにいる時間を増やすため。

高いところにも手が届く
「子ども用の台」

🌢 こんなことありませんか？

　子どもが黒板に字を書く時や，黒板の文字を発表する時に背が届かないことはありませんか？黒板の下の方に文字を書けばよいのですが，いつもそのような配慮をすることはできません。

　そんな時は，子ども用の台を準備すると便利です。私の場合はホームセンターで安く購入しました。台が１つあるだけで，子どもは台に乗って黒板を使って発表したり，黒板に字を書いたりすることができます。また，台の上に乗って，黒板の文字を消す時にも使えます。

♥ アイテムの使用例

　社会科の時間のことです。資料が黒板の上の方にありました。資料を使って説明させたいのですが，板書の関係で資料を動かすことができません。

　そんな時にこのアイテムの発動。

　子どもに台の上に乗って発表してもらいました。

　背の届かない子どもも，安心して発表することができました。

黒板の下に置いておくだけで
子どもは活用します。

安全性を考え，安定感のあるもの
がオススメです。

ちょこっとアイテム

① 安定感のある台を用意する。
② 黒板の下に置き，子どもに自由に活用させる。

🗨 なんのためのアイテム？

✔ 身長に関係なく黒板を有効に活用させるため。
✔ 他にも使えることがあれば，子どもに自由に使わせるため。

ササッと使える 「手作りペン立て」

♦ こんなことありませんか？

　校外学習の後，班ごとに新聞を作らせることがあります。日々の学習の中でも，模造紙を使ってまとめることがあります。係活動では画用紙に活動計画などを書かせるでしょう。

　そんな時，活躍するのが水性マジックペンです。

　しかし，普段使わないだけに，準備や作業に時間がかかることがあります。また，作業が完結しない時には片付けにも時間がかかります。

　この問題点は，ペンがケースにしまってあり，手軽に使いにくいということです。ちょっとした時間で取り出せ，片付けやすい環境をつくってあげることで，子どもたちの作業効率を高めることができます。

♥ アイテムの使用例

　新学期に届くドリル関係の段ボール箱を保管しておきます（手頃なサイズはＡ４サイズ）。なければ，印刷室からＡ４用紙の箱を調達します。

　そして，給食の際，牛乳パックを洗って乾燥させるようにします。乾燥させた牛乳パックを段ボールに敷き詰め，ホチキスで連結させていきます。

　ガムテープやマスキングテープで補強し，ペンをケースから出して入れていきます。完成したら，使い方に関するルールを決めます。

ケースにまとまっている！
きれいだけれどサッと使い
にくい。

牛乳パックを段ボールの中
に並べてペン立てにする！

ちょこっとアイテム

① 手頃なＡ４サイズの箱を用意する。
② 牛乳パックを洗って乾かし，段ボールの中に敷き詰める。
③ ホチキスで留めて，ガムテープ等で補強する。
④ ペンをケースから出し，色別に分けて立てる。

🗨 なんのためのアイテム？

✓ ペンをケースから出すことで，作業効率が高まるため。
✓ 「ペンを使うこと」を授業に位置づけ，子どもたちの要点をまとめる力を
育てるため。

忘れても大丈夫！
「貸し出し筆記用具セット」

♦ こんなことありませんか？

鉛筆や消しゴム，定規などの学習用具を揃えることはとても大切です。しかし，子どもはよく忘れてしまいます。

「なんで忘れたの？」「忘れないように連絡帳に書きなさい。」などと指導をするのですが，なかなか持ってくることができません。これが続くと，教師もイライラしてしまい，教室の雰囲気が悪くなってしまいます。

そんな時は，思い切って筆記用具を貸してあげましょう。教師と子どもが助け合って悪い雰囲気はなくなります。

♥ アイテムの使用例

授業中に，筆箱を忘れて困っている子がいました。隣の子になかなか話しかけられない様子です。そんな時にこのアイテム！

「筆箱を貸そうか？」

忘れた子は，安心して学習を再開することができました。

※こちらのアイテムは甘えが生じる場合があります。その時はすぐにやめましょう。

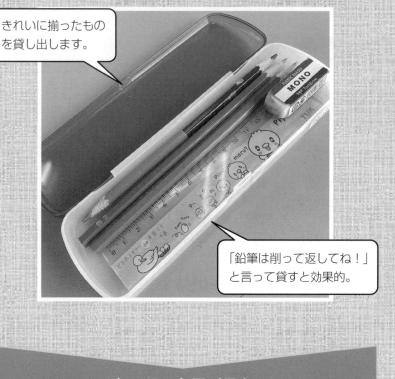

きれいに揃ったものを貸し出します。

「鉛筆は削って返してね！」と言って貸すと効果的。

ちょこっとアイテム

① 貸し出し用の筆記用具を用意する（鉛筆はとがった状態がオススメ）。

② 忘れたら貸してあげる。

③ 返してもらう時に「困ったらまた助けるよ！」と伝える。

💬 なんのためのアイテム？

- ✓ 困っている子に寄り添うため。
- ✓ 教師が助け合う学級づくりの見本となるため。

忘れても大丈夫！
「貸し出し算数セット」

♦ こんなことありませんか？

　学校生活の中で，「忘れ物」は必ずあります。鉛筆であれば友達に借りることができますが，三角定規やコンパスを何セットも持っている子は稀でしょう。

　通常の授業であれば，隣の友達が終わったら貸してもらったり，隣の学級から借りたりしておくことも可能です。しかしテストの時など，どうしても友達に頼れないこともあります。

　そんな時のために，子どもたちに貸せる算数用具がいくつかあると便利です。

♥ アイテムの使用例

　算数のテストの時でした。「あ，先生，コンパス貸してください！」と言った子がいました。「俺，分度器ないわ…。」と言う子もいました。そこで，ケースにしまってある「算数セット」を教卓に広げ，「借りたい人に貸し出します！」と言って貸してあげます。

　用具には「古舘」と油性ペンで教師の名前が書いてあります。置き場所を教えておき，使い終わったらお礼を言って戻すように指示しておきます。

ちょこっとアイテム

① 算数の用具を何セットかまとめておく。

② 用具には，自分の名前を書いておく。

③ 教卓上で貸し出し，戻す場所を決めておく。

🗩 なんのためのアイテム？

✓ 忘れ物をしても，子どもたちが学習に取り組める環境をつくるため。

✓ 貸し出すことで，教師と子どもたちとの温かい関係を築くため。

操作がカンタン！
「ラジカセに順番シール」

♦ こんなことありませんか？

　朝の会や音楽の時間などに，子どもがラジカセを操作する場面があります。しかし，子どもにとって操作することは難しいものです。

　そこで，操作に必要な部分にシールを貼ってみてはいかがでしょうか？

　ボタンの近くに番号の書かれたシールを貼るだけで，正しい手順でラジカセを操作できるようになります。

♥ アイテムの使用例

　朝の会で日直にラジカセを操作させて歌を歌います。しかし低学年の子どもにとって操作は難しく，毎回手助けをしなくてはいけません。

　そこで，このアイテムを使いました。

　ラジカセのボタンの近くに番号の書かれたシールを貼ることで，正しい手順で操作ができました。

　次の日に日直が変わっても同じように操作ができるようになりました。

ボタンを押す順に番号の書かれたシールを貼ります。

子どもの自主的な
活動にもつながります。

ちょこっとアイテム

① シールに番号を書く。
② ボタンを押す順番のシールを貼る。
③ 子どもに操作させる。

🗨 なんのためのアイテム？

✓ 子どもの自主的な活動につなげるため。
✓ どの子でも操作できるようサポートするため。

授業―学習環境・支援

思い出せなくても大丈夫！
「手首の体操カード」

🌢 こんなことありませんか？

体育の「準備体操」をする時のことです。

「前は首回しをやっていた…」「次は伸脚だった…」

など，学年や係の子が変わると流れが滞ることはありませんか？

その原因は，「準備体操」に明確な基準がないからです。基準がなければ子どもは自分たちで動けません。また，マット運動と持久走では，事前にやっておいた方がよい準備体操は違います。子どもだけでは，その授業に適した「準備体操」をすることができません。

そこで，子どもたちにとって，ある程度基準となる準備体操の一覧を用意します。その運動の特性に応じた体操を教師が付け加えて，カードにして基準を与えることで，スムーズな準備体操を行うことができます。

💜 アイテムの使用例

準備体操の一覧（学年で相談＆体育主任等に確認）を作り，学級に４～５枚用意し，ラミネートしました。係の子に「明日の体育でやってもらうからね。」と伝え，カードを読む順を決め，漢字の読み方や順番を確認しながら練習さました。翌日，体育館に移動する前に手首にカードをつけさせ，授業開始の号令後に体操をさせると，練習通りスムーズにできました。

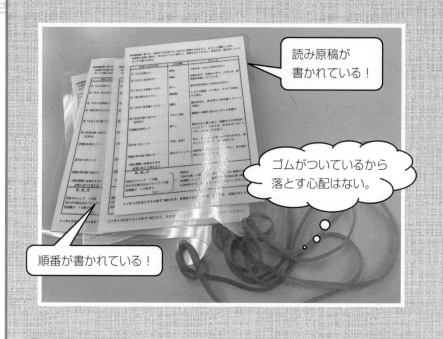

ちょこっとアイテム

① 準備体操の内容を順番に書き，予令も載せておく。

② ラミネートして余白を切る（右下の角は穴を開ける部分を残す）。

③ 大きめのゴムを右下の穴に通し，手首につけられるようにする。

④ 体育の時間に持ってくるようにさせ，覚えるまでは読みながら使わせる。

💬 なんのためのアイテム？

- ✓ 学級・学年で統一した準備体操をする目安にするため。
- ✓ 子どもたちにとって明確な基準を示し，自信をもって体操させるため。

アイテム 21 授業―学習環境・支援

正しく鉛筆が持てるようになる
「鉛筆ダブルクリップ」

♦ こんなことありませんか？

　鉛筆の持ち方が気になるので指導をしたいのですが，補助する道具を用意できない。そんなことはないでしょうか？

　そんな時は，ダブルクリップを使ってみてはいかがでしょう？

　安価で簡単に準備ができるので，オススメです。

♥ アイテムの使用例

　鉛筆の持ち方が気になる子がいました。今のうちに直してあげたいと思ったのですが，補助具が手元にありません。

　そこで，ダブルクリップを使いました。

　ダブルクリップを使うことで，親指と中指の位置が決まります。持ち手部分の間に人差し指を入れることで，正しい鉛筆の持ち方にすることができました。

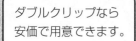

ダブルクリップなら
安価で用意できます。

持ち手の間に指を入れます。

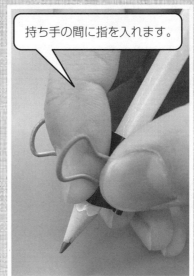

ちょこっとアイテム

① ダブルクリップで鉛筆を挟む。
② 親指と中指の位置を決め，持ち手の間に人差し指を入れる。
③ 前向きな声かけをして積み重ねる。

🗨 なんのためのアイテム？

- ✔ 子どもの鉛筆の持ち方を正しくするため。
- ✔ 安価で簡単に用具を用意するため。

授業―学習環境・支援

先生が削ってあげちゃう♡
「忍ばせ鉛筆削り」

♦ こんなことありませんか？

　授業が始まったというのに，「先生！鉛筆削ってもいいですか？」と言う子や，ノートをとるのに鉛筆の先が丸いまま授業を受け続けている子がいます。これでは，授業に集中して参加できません。

　そんな時は，教師が削ってあげてはいかがでしょう？

　ポケットから鉛筆削りを出し，優しく削ってあげると子どもはとても安心します。これを積み重ねると，不思議と自分で削るようになります。その瞬間に「今日は自分で削ってきたんだね！うれしい！」と伝えると，自分で鉛筆を削ってこられるようになっていきます。

♥ アイテムの使用例

　漢字練習の時間のことです。鉛筆の先が丸いまま練習している子がいました。そこで，このアイテム！

　「どう？書きやすいでしょ？」

　優しく鉛筆を削りました。すると，次の日はきちんと削ってきました。削った鉛筆を見つけた時，

　「先生うれしい！」

　と伝えることで，自分で削ってこられるようになりました。

ポケットに
忍ばせておきます。

優しい気持ちで
削りましょう。

ちょこっとアイテム

① ポケットに鉛筆削りを忍ばせておく。
② 授業中に子どもの鉛筆を優しく削ってあげる。
③ 自分で削ってきたら喜ぶ。

🗨 なんのためのアイテム？

✓ 子どもに優しく寄り添うため。
✓ 鉛筆を削る習慣を身につけさせるため。

※金大竜先生（大阪府）のご実践を参考にしました。

頑張りを称える「ミニ賞状」

♦ こんなことありませんか？

　1年間休まず登校した子には，「皆勤賞」の賞状が渡されます。学期ごとに賞状を手渡す学校もあるでしょう。その他にも，「25m完泳賞」「給食完食賞」「多読賞」など，様々な場面で子どもたちに賞状を渡すことがあります。子どもたちをほめ，認める方法として「賞状」はとても有効です。

　しかし，学校や学年としての賞状以外にも，「学級独自」で賞状を渡したい場面があります。「家庭学習ノートが1冊終わったら…」「ほめ言葉カードを10人からもらえたら…」など，担任の思いで渡したい場面です。

　そんな時，「ミニ賞状」を作ってみてはいかがでしょう？ミニ賞状は，手軽に作ることができ，しっかりした作りなので子どもたちも喜びます。年間を通して子どもたちに渡しています。

♥ アイテムの使用例

　家庭学習ノートの1冊目が終わった子を呼び，「おめでとうございます！」と言って，ミニ賞状を渡します。その後，子どもたちに「これは家庭学習ノートが1冊終わるごとに渡す賞状です。年間で12枚はもらえるようにしたいですね。」と伝えます。あらかじめ，100枚ほど賞状を用意しておくとよいでしょう。

ちょこっとアイテム

❶ Ａ４用紙に10枚入る大きさで賞状枠を作る。

❷ ラミネートフィルムを購入し，ラミネートする。

❸ 用途に応じて，複数の賞状パターンを作ってもよい。

💬 なんのためのアイテム？

✔ 子どもたちの頑張りを定期的にほめ，励ますため。

✔ 子どもたちのやる気を引き出し，お互いに高め合うため。

※堀井悠平先生（徳島県）のご実践を参考にしました。

学級—ほめる・伝える・つなげる

運試しが楽しい 「手作りルーレット」

♦ こんなことありませんか？

プリントや宿題などの課題に対して，丸をつけたりハンコを押したり，シールをあげたりすることがあります。よく考えると，そのシールの選び方は，流れ作業的に「上から順に剥がして貼っていく」ことが多かったように思います。

せっかくのシールです。渡す時にワクワク感を与えたいものです。

そんな時，子どもたちが「ゲーム感覚でシールを選べたら面白い」と考え，ルーレットを作ってみました。

♥ アイテムの使用例

学級で「当たり前に名札をつけよう」という取り組みが行われ，「名札ポイントカード」を配りました。ポイントが10個たまったら，「シールーレット」（シールを選ぶルーレット）に１回チャレンジできます。

ある子が「先生！10個たまりました！」とカードを持ってきました。その子は，「赤のシールがほしい！」と言いながらルーレットを回しましたが，赤にはなりませんでした。思うようにならず残念そうでしたが，「ルーレットが楽しかった！」と，とても満足していました。

ラミネートして強度を高める！
ポイントがたまったらできる！

ポイントカードのスタンプ10個で
ルーレットが１回できる！

ルーレットにシールを貼り付ける！
（型は 100 円均一で購入）

※DAISO で買いました。

ちょこっとアイテム

❶ 100円均一でルーレットの型を購入する（矢印もある）。
❷ それぞれのマスにシールを貼り，ラミネートして強度を上げる。
❸ ポイントカードを用意し，日々ポイントをためる。
❹ アイテム31「オリジナルシール」とコラボして取り組むとより効果がある。

🗨 なんのためのアイテム？

- 楽しみながらも，子どもたちを主体として物事を決めさせていくため。
- 子どもと一緒にワクワク感を味わいながら，共感関係をつくるため。

やる気を引き出す
「カラー筆ペン de 賞状」

♦ こんなことありませんか？

子どもが頑張ったので何かやる気の出るものをあげたい。

そんなことを思って，賞状を用意しようと思うのですが，パソコンを開いて賞状のテンプレートを選んだり，名前を打ち込んで印刷したりする時間はなかなかとれません。気づいたら数日経ってしまい，子どもの気持ちは離れてしまっていました。思いついた時にすぐに作れればいいのですが…。

そんな時，カラー筆ペンを使えば，素敵な賞状を簡単にすぐに作ることができます。

♥ アイテムの使用例

ある日，いつも掃除を一生懸命にしている子をほめました。すると，他の子から

「先生！賞状を作ってあげてよ！」

と言われました。しかし，賞状は手元にありません。そんな時，カラー筆ペンを用意しておけば，すぐに賞状を作ることができます。

賞状を渡すまでの時間が短ければ短いほど，子どもの喜びは大きいものになります。

教室に置いておきます。

ユーモアを入れると効果的！

表彰状
吉舘良純くん
丁寧なそうじ
ありがとう
令和二年五月一日
あなたの
応援団長 髙橋朋彦

心を込めて丁寧に…。

※画像はぺんてるの筆ペンです。

ちょこっとアイテム

❶ 教室にカラー筆ペンを置いておく。

❷ 賞状を渡したいと思ったらすぐに書く。

❸ カラーで書くことによって，簡単に素敵な賞状を書くことができる。

🗨 なんのためのアイテム？

✓ 子どもの頑張りを称えるため。

✓ すぐに素敵な賞状を渡して喜んでもらうため。

学級─ほめる・伝える・つなげる

ゲームがより盛り上がる
「ミニトロフィー」

♦ こんなことありませんか？

　学級をもっと楽しくするために，ミニゲームを取り入れることはありませんか？あるアイテムを用意するだけで，ミニゲームがさらに盛り上がります。

　そのアイテムが，「ミニトロフィー」です。

　子どもはトロフィーが大好きです。トロフィーをもらうために，ゲームに熱中します。さらに「第1回じゃんけん大会優勝」のように，トロフィーのリボンを用意すると，ゲームの歴史を積み重ねられるので，子どもがゲームを大切にしてくれるようになります。

♥ アイテムの使用例

　学級レクを企画しました。毎回の学級レクを盛り上げたいと思い，ミニトロフィーを用意しました。

　すると，子どもはトロフィーを使って本格的に演出をするようになりました。子どもたちがノリノリで演出を楽しむことで，場は温かくなり，学級レクがより楽しいものになりました。

こちらは，100円均一で買いました。

トロフィーがあるとワクワクします！

スポーツ用品店にもっとかっこいいものがあります！

ちょこっとアイテム

① ミニトロフィーを用意する。
② 余裕があれば，リボンを用意する。
③ レクの演出で使う。

💬 なんのためのアイテム？

- ✔ レクがより盛り上がる演出をするため。
- ✔ 雰囲気を温かくするため。

子どもに伝えて残す
「カラー筆ペン de メッセージ」

♦ こんなことありませんか？

　子どものやる気を引き出すために黒板にメッセージを書きます。全体指導では，その黒板に書かれたメッセージを通して，よい雰囲気で担任の思いや考えを伝えることができました。しかし，授業で黒板を使うために消さなくてはいけません。しばらくの間，残しておきたいのに…。

　そんな時はカラー筆ペンを使って，画用紙にメッセージを書いてみてはいかがでしょう？

　カラー筆ペンなら，彩りのある素敵なメッセージを簡単に書いて残すことができます。

♥ アイテムの使用例

　6年生を送る会がありました。6年生に喜んでもらえるよう，子どもたちは一生懸命でした。この喜びをメッセージで伝えます。しかし，黒板に書いたら消えてしまいます。そこで，このアイテムを発動。

　放課後にカラー筆ペンで画用紙にメッセージを書いて黒板に掲示しておきました。

　朝の会でメッセージの話をすると，子どもたちはとてもうれしそうでした。その後，掲示物として壁に掲示すると，休み時間に見ることができ，うれしそうにしていました。

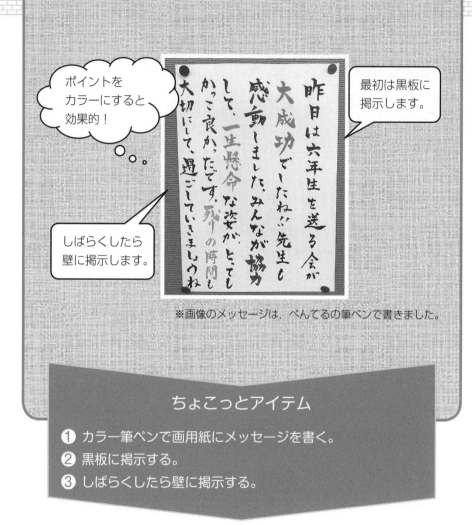

ポイントを
カラーにすると
効果的！

最初は黒板に
掲示します。

しばらくしたら
壁に掲示します。

昨日は六年生を送る会が大成功でしたね!!先生も感動しました。みんなが協力して、一生懸命な姿が、とてもかっこ良かったです。残りの両間も大切にして、過ごしていきましょうね

※画像のメッセージは，ぺんてるの筆ペンで書きました。

ちょこっとアイテム

1 カラー筆ペンで画用紙にメッセージを書く。

2 黒板に掲示する。

3 しばらくしたら壁に掲示する。

🗨 なんのためのアイテム？

- ✓ 子どもにメッセージを伝えるため。
- ✓ メッセージを残しておくため。

見直し確認できる
「簡易メモ帳・指示」

🌢 こんなことありませんか？

　子どもにお願いがあるから伝えたいのですが，伝えることが多すぎる。子どもに漢字を聞かれたから教えたいのに，文字を書く場所がない。そんな時は，子どもの視覚情報に訴えることをオススメします。

　そのために，教師の手元にメモ帳を置いておきましょう。

　メモ帳に書いて子どもに渡すだけで，子どもはすぐに理解します。さらに，子どもの手元に残るので，常に振り返ることができます。

　私の場合，必要な数だけほしいので，教室に置いてあるコピー用紙をローラーカッター（アイテム14）で切ってメモ帳にしています。足りなくなったらまた作ります。

♥ アイテムの使用例

　児童会担当から，昼休みに集まりがあることを伝えてほしいとお願いされました。しかし，その日はバタバタしていて正確に伝える時間をとれません。そんな時にこのアイテムを活用。

　集合場所と時間が書かれた紙を児童会の子どもに渡しました。

　その子は忘れずに児童会の集合場所に集まることができました。

紙を切って束ねておくと
すぐに使えます。

13:10〜 児童会
体育館へ

子どもに渡すものなので
裏紙はやめましょう。

ちょこっとアイテム

① メモ帳を教室に置いておく。
② 伝えたい情報を書いて渡す。

🗨 なんのためのアイテム？

- ✓ 子どもに正確に情報を伝えるため。
- ✓ 手元に残していつでも振り返れるようにするため。

学級―ほめる・伝える・つなげる

個でつながる
「付箋メッセージ」

♦ こんなことありませんか？

「あ！子どもとの約束，忘れてた！次の日に謝らなきゃ」

と思った次の日，朝からバタバタして謝るタイミングを逃してしまい，なんだかその子と距離ができてしまった。そんなことはありませんか？

子どもとのコミュニケーションを大切にしようとしているのに，忙しさに追われるとなかなか実行できません。

そんな時にオススメなのが「付箋メッセージ」です。

付箋にメッセージを書いて机に貼るだけで OK です。これなら忘れずに確実にコミュニケーションをとることができます。

机の上のメッセージは誰でも見ることができるので，その子のプライバシーへの配慮には気をつけましょう。

♥ アイテムの使用例

子どもと一緒に業間休みに名札を買いに行く約束をしました。しかし，急な打ち合わせが入ってしまい，約束を果たせませんでした。気づいたら放課後…。謝るタイミングもありません。そんな時にアイテム発動！

付箋でメッセージを伝えました。

そして翌日の業間休み。一緒に名札を買いに行くことができました。

気持ちを込めて丁寧に書きます。

○○くん
職員室に一緒に行くと約束したのに時間がとれずに行けなくてゴメンなさい。今日の業間休みに行きましょう。
タカハシ

放課後に貼りました。

ちょこっとアイテム

❶ メッセージを付箋に書く。

❷ 子どもの机に貼る。

◎時間ができたら，その子と直接コミュニケーションをとりましょう。

🗨 なんのためのアイテム？

✓ 忙しくても子どもとコミュニケーションをとるため。

学級—ほめる・伝える・つなげる

教室での自己存在感を高める「自画像」

🌢 こんなことありませんか？

　ネームプレートを活用して授業をすることがあります。しかし，一般的に使われているネームプレートは小さいので，一番後ろの席の子からでは文字が見えにくい欠点があります。

　私は，遠くからでも見えやすく，誰が見てもわかりやすいものとして，「自画像」を使っています。「自画像」は，見やすいだけでなく，学級全員分を黒板に貼っておくことで，「私も教室の一員」という学級への所属感を高めることができます。

💜 アイテムの使用例

　道徳の時間に，立場を決めて議論する授業がありました。子どもたちに意思決定をさせ，黒板に自画像を貼らせました。すると，黒板上で立場が明確になりました。ネームプレートとは違い，「あの子がこっち」という状況が全員に共通理解されたのです。

　また，朝教室に入ったら，黒板に書かれたテーマに沿って一人一人の考えを書かせるようにしました。全員の自画像を並べ，考えを書かせることで，全員の存在感を高めることができました。

ちょこっとアイテム

① 図工の時間を使って，画用紙（Ａ５サイズ程度）に自画像を描かせる。

② 下部に大きく名前を書かせ，周りを切る。

③ ラミネートし，裏面にマグネットシートを貼る。

④ テーマについて個々に書かせたり，授業中の意思決定に使ったりする。

🗨 なんのためのアイテム？

✔ 個々の名前と顔を大きく貼り，学級での「自己存在感」を高めるため。

✔ ネームプレートとは違う，温かみのある教室の雰囲気をつくるため。

※菊池省三先生（菊池道場）のご実践を参考にしました。

学級─ほめる・伝える・つなげる

学級独自のアイテムで結束！「オリジナルシール」

♦ こんなことありませんか？

「作品カードにシールを貼ってあげたいな」

「家庭学習ノートが終わったら素敵なシールをあげよう！」

など，学習シールを使う機会が多いと思います。そして，学習シールの効果の高さを感じている方は多いと思います。

その学習シールを，子どもたちに愛着のあるオリジナルデザインに変えることで，学級への所属感が高まり，より効果を高めることができます。

♥ アイテムの使用例

子どもたちに，オリジナルシールを作ることを知らせました。数種類は先生が作ることを伝え，他にデザインを募集しました。

絵が得意な子や，学級マークを作ってくれる子もいました。そうしたデザインを写真に撮り，画質を調整して印刷しました。

印刷したものは，教室に持っていってみんなにカットしてもらいました。

子どもたちと一緒にオリジナルシールを作ることで，学級への所属感が高まり，より効果の高い学習シールにすることができました。

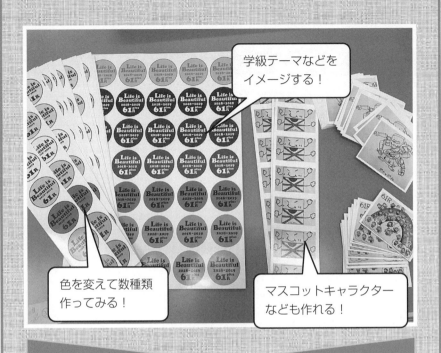

ちょこっとアイテム

❶ PowerPoint や Keynote などでイメージを作り，PDF 化したものを Word に貼り付ける（サイズは自由に決める）。
❷ 印刷設定で，「光沢紙」「きれい」を選択する。
❸ 100円均一で売っている「光沢紙ラベル用紙」をセットして印刷する。
❹ 裁断機でカットし，配付する（子どもと行ってもよい）。

💬 なんのためのアイテム？

✓ オリジナルという特別感をもち，学級への愛着を高めるため。

見通しをもって動ける子を育てる「ルーティン表」

♦ こんなことありませんか？

「朝読書ができない」「宿題を提出していない」「時間を見て行動できない」など，いつもと同じ行動ができなくて困ること，ありませんか？それは，子どもが行動を習慣化できていないからです。習慣化できていない理由は，何をしたらいいか理解していないことが原因の１つとして考えられます。

そんな時，ルーティン表を子どもと一緒に作ってみてはいかがでしょう？毎日の行動を子どもと一緒に見える化することで，自分たちで動けるようになります。

♥ アイテムの使用例

朝，教室に入ろうとするとなんだかざわついた様子。

今は朝読書の時間なのに静かに読書ができません。

よく見るとおしゃべりをしている子を中心に騒がしいのですが，朝の支度をしたり宿題の提出をしたりするために立ち歩いている子もいます。

「朝は何をするか一緒に考えよう！」

朝何をするのかナンバリングしながら子どもから意見を集めました。時々，「①できた人？」「②できた人？」と，確認をしました。積み重ねることで朝にするべきことが習慣化されました。

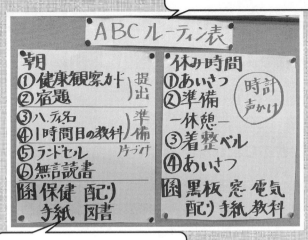

子どもと一緒に作ります。

時々，できたか確認しましょう。

※ＡＢＣは，『Ａ当たり前のことをＢバカにせずＣちゃんとやる』です。

ちょこっとアイテム

❶ その時に何をしたらいいか，子どもと確認する。

❷ 時系列でナンバリングし，画用紙に書いて掲示する。

❸ 時々，できているか子どもと一緒に確認する。

◎休み時間や給食，掃除の時間などで作っても効果的です。

🗨 なんのためのアイテム？

- ✓ 自ら動ける子を育てるため。
- ✓ １日の習慣を身につけさせるため。

アイテム **33** 学級―掲示物

決めたことをいつでも振り返れる 「子どもの言葉で掲示物」

♦ こんなことありませんか？

「教師が伝えた大切なことをすぐに忘れてしまう」「自分たちで決めたことなのに，意識しないで生活してしまう」そんなことはないでしょうか？

それは，音声情報が「目に見えないこと」と「残らないこと」が原因です。

掲示物にして見える化し，教室に掲示して残すことでいつでも振り返ることができます。子どもの言葉で掲示物を作らせることで，自分たちの情報となり，より意識することができるようになります。

♥ アイテムの使用例

学級で大切にすることを話し合いで決めました。いつも決めたことをすぐに忘れてしまうので，掲示物にして残すことにしました。

すると，子どもは掲示物を見ていつでも振り返ることができるようになりました。さらに，子どもたちの文字で残すことによって，自分たちで決めたことを自分たちのものにすることができました。

掲示物を使うことによって，子どもたちはいつもよりも意識して行動に移すことができました。

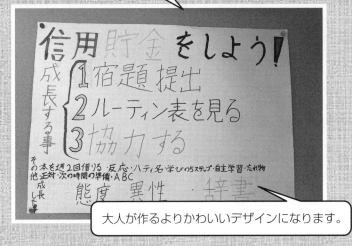

子どもに掲示物を書いてもらいます。

大人が作るよりかわいいデザインになります。

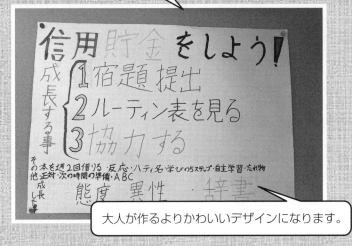

ちょこっとアイテム

① 決めたことを掲示物に残す。

② 子どもの文字で掲示物を作る。

③ 子どもも教師もいつでも掲示物を振り返る。

🗨 なんのためのアイテム？

- ✓ 音声情報を文字情報として残すため。
- ✓ 子どもの情報として残すため。
- ✓ いつでも振り返れるようにするため。

達成できたらすぐに剥がす 「ミニ目標」

♦ こんなことありませんか？

　大きな目標ではないけれど，達成させたい目標があります。しかし，わざわざ掲示物で残しておくほどではありません。ですが，黒板に書いておくと授業で邪魔になってしまいます。

　そんな時は，画用紙を短冊状に切って，ミニ目標として掲示してみてはいかがでしょう？

　見えるところに貼れるし，すぐに移動できるので邪魔になりません。達成したら剥がすことによって，達成感を味わわせることができます。

♥ アイテムの使用例

　落ち着きがなく，授業開始のあいさつの後に，すぐにざわついてしまいます。友達の話も聞きません。そこで朝の会の時に，「あいさつ後３秒沈黙」と「話は目で聴く」という目標をつくりました。そして常に振り返ることができるようにしたいと思い，アイテムを活用。

　「目標を書いて黒板に貼って，達成できたら剥がそうね。」

　いつも見える位置にあることで，子どもたちは意識して行動できました。あいさつ後に３秒沈黙ができたので，黒板から剥がしました。剥がす時は「やったー！」と歓声が上がり，達成感を味わわせることができました。

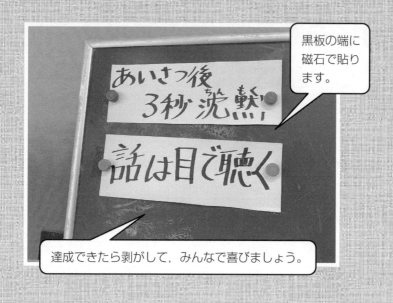

黒板の端に磁石で貼ります。

達成できたら剥がして，みんなで喜びましょう。

学級―掲示物

ちょこっとアイテム

① 画用紙を必要な大きさに切る。
② ミニ目標を画用紙に書く。
③ 見える位置に貼って，達成できたら剥がす。

🗨 なんのためのアイテム？

- ✓ 小さな目標でも大切にするため。
- ✓ いつでも決めたことを振り返れるようにするため。
- ✓ 目標を達成する喜びを味わわせるため。

　※金大竜先生（大阪府）のご実践を参考にしました。

見通しをもって生活できる子を育てる「拡大年間計画」

♦ こんなことありませんか？

「子どもたちに見通しをもって生活をさせたい！」

と思い，新学期を迎えたり，新年を迎えたりする時，大きいカレンダーを用意することはありませんか？用意したカレンダーに年間計画を見ながら学校行事を転記したり，子どもたちの誕生日を書き加えたりします。

しかし，「今日で何日目か？」「卒業まで何日か？」を知りたい時，市販のカレンダーで数えるにはあまり適していません。結局，何度も「年間計画」を見直して子どもに伝えることになります。

そんな時は，年間計画をそのまま使ってみてはいかがでしょうか？

♥ アイテムの使用例

4月の職員会議で年間計画が出されました。その直後，一度コピーして半年分ずつ2枚の年間計画を机に並べます。この時点で原本に蛍光ペンを使って色づけしてしまいます。運動会や修学旅行などの大きなイベントは黄色で，毎月ある委員会活動や朝会はオレンジで，夏休みや冬休みは赤ペンで囲んでしまいます。そうすることで，スキャンして拡大した後に色づけする必要がなくなります。あとは拡大機で印刷し，教室に掲示します。ガムテープで裏打ちすると，長期間の掲示にも耐えられます。

ちょこっとアイテム

① 職員会議で出された年間計画をあらかじめ行事などに蛍光ペンで色づけする。
② スキャンか画像化する。
③ 半年分ずつ拡大機で印刷する（4～9月と10～3月）。

💬 なんのためのアイテム？

- ✓ 子どもたちが，自分たちのスケジュールを管理できるようにするため。
- ✓ 過ごす日数，過ごした日数を可視化して学校生活を意識化するため。

アイテム
36 学級―掲示物

自分の予定を管理できる子を育てる
「白紙カレンダー」

♦ こんなことありませんか？

　アイテム35「拡大年間計画」で紹介したように，「先生！運動会っていつでしたっけ？」「修学旅行っていつからですか？」など，子どもたちが聞きにくることはたくさんあります。その他，高学年になってくると「委員会活動の分担仕事」や「学校生活における常時活動」が入り，「先生！先生！」と予定を聞いてくる子がたくさんいます。

　そんな時，白紙カレンダーを使えば，子どもが自分たちで予定を管理できるようになります。

♥ アイテムの使用例

　Excel を使って，月ごとの白紙カレンダーを作りました。子どもたちに配付し，作業の指示を与えました。

　①一番上の空欄に「○月」と書き入れさせる。

　②「曜日」を書き入れさせる。

　③「行事」を黒板に書き，子どもたちに書き写させる。

　④「挨拶運動」「委員会活動」「係活動」などの予定を個々に入れさせる。

　子どもたちが自主性をもって自分を管理するためにも，教師が Excel 上で入力することを避けています。子どもたちは，お互いに話し合ったり，年間計画を見ながら確認して書き込んでいました。

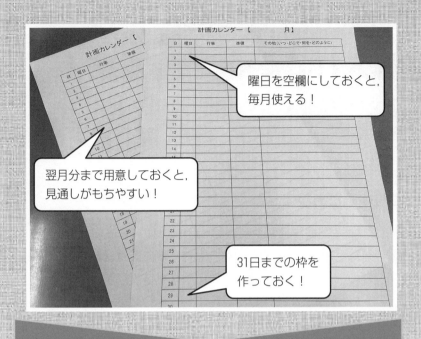

ちょこっとアイテム

❶ Excel の表を作る。日付，曜日，行事，準備，その他の欄
　を作る。

❷ 人数×各月分で印刷する。

❸ パンチで一気に穴を開け，ファイルに綴じさせ，紛失を避
　ける。

🗨 なんのためのアイテム？

✓ 子どもたちが自分の手で書き込むことによって，自分自身を管理できる
　ようにするため。

✓ 大きな行事や，各活動を全員で共通理解するため。

用具入れの整頓に効果抜群！「フック紐」

♦ こんなことありませんか？

掃除の時間が始まりました。

清掃用具入れを開けてみると…ぐちゃぐちゃに入れられている清掃用具。ほうきの先は曲がり，ちりとりは乱雑に置かれ，掃除が始まる前からやる気が落ちてしまいます。清掃用具もなんだかかわいそう。

清掃用具入れを整頓したいのですが，なかなかうまくいきません。

そんな時，清掃用具にとじ紐がついているか確認しましょう。

とじ紐がついているだけで清掃用具をフックにかけられて整頓しやすくなります。フックが足りない場合は，追加してつけましょう。

♥ アイテムの使用例

ある日，清掃用具入れを開けると，乱雑に用具が置かれていました。よく見ると，清掃用具にとじ紐がついていません。そこで，清掃用具にとじ紐をつけました。

「清掃用具はフックに必ずかけましょう。」

と全体指導をしました。

すると，使った子が用具をフックにかけられるようになりました。フックにかかっていない用具を見つけた時は，気を利かせてフックにかけてくれるようになりました。

清掃用具が
整っている
とやる気が
出ます！

とじ紐をフックにかけます。

1フック1道具がオススメ。

ちょこっとアイテム

❶ とじ紐を半分に切る（長いと清掃用具が下についてしまう
ため）。

❷ 清掃用具の穴に紐を通して結ぶ。
（オススメは「テグス結び」です。ほどけなくなります。）

❸ フックに清掃用具をかける。

◎1フック1道具にすると，きれいに整頓できます。

💬 なんのためのアイテム？

✓ 清掃用具入れを整頓するため。

✓ 清掃活動に気持ちよく取り組む心をつくるため。

美しい窓が実現する
「霧吹き & ゴムワイパー」

🔹 こんなことありませんか？

　学期末大掃除で，窓掃除をすることがあります。年末や，年度末も掃除します。その度にバケツを用意し，スポンジ付きの水切りワイパーを準備します。作業時間を確保するためにも，これらの準備の時間はできるだけ短くしたいものです。

　そんな時は，「霧吹き」と「ゴムワイパー」を手元に用意しておくことで準備時間を大幅に短縮できます。

❤ アイテムの使用例

　水切りワイパー（ゴムワイパー）を買います（100円均一のもので十分です）。オススメは2セットです（スポンジなしがオススメ）。

　私が昼休みにやっている姿を見せました。窓に15回程度水を吹きかけ，上からワイパーで拭き取っていきます。スポンジや雑巾で拭かなくても，少量の水できれいに拭き取れます。

　子どもたちが「やりたい！」と言うので，一緒に掃除しながら教えました。子どもたちは楽しそうに掃除してくれます。そこから子どもたちの間に手順が広がり，いつでも美しい教室を保つことができました。

　準備の時間も大幅に短縮し，質が高く長い作業時間を確保できました。

いつでも誰でも，手軽に掃除できる！

窓に霧吹きで水を吹きかける。

ワイパーで拭き取る。

ちょこっとアイテム

① 霧吹きと水切りワイパーを購入する（2セットあると便利）。

② 霧吹きで窓を濡らし，ワイパーで上から拭き取っていく。

③ 子どもたちに手順を教え，掃除できるようにさせる。

④ 時間を決め，日常的に掃除させるようにする。

💬 なんのためのアイテム？

- ✓ 窓を掃除することで教室をきれいに保つため。
- ✓ 子どもたちがオーナーシップをもって教室掃除に取り組むため。

机や椅子の脚裏が簡単きれい
「布ガムテープ」

♦ こんなことありませんか？

　机や椅子の脚裏に埃が溜まっています。この埃のせいで，教室は汚れてしまいます。学期末に「机や椅子の脚裏」を掃除する際，子どもたちは定規やペンでガリガリ取るのですが，余計に机の上が汚くなったり，作業効率が悪くて中途半端に終わったりしてしまいます。

　日常的に脚裏の埃を取ることで，きれいな状態の教室をつくり出すことができ，学期末の作業の負担も減らすことができます。

　脚裏の埃には，「布ガムテープ」が有効です。

♥ アイテムの使用例

　教室掃除が中盤に差し掛かった時，雑巾担当だった2人を呼びました。15cmほどにカットしたガムテープを見せ，椅子の脚裏にピタッとつけて剥がして見せました。ガムテープには埃がたくさんつきます。それを見た子どもたちは「お〜！」と言い，掃除したい気持ちが高まりました。

　「じゃあ，今日はこの2列をお願い。」と言って，同じくらいのガムテープを渡しました。子どもたちは，ガムテープの粘着力がなくなるまで，必死に机や椅子の埃を取ってくれました。

ちょこっとアイテム

① ガムテープを15cm ほどにカットして2〜3人に渡す。

② 1切れのガムテープで3脚をきれいにするように伝える。

③ 一気にできなくても，ちょこっとずつ計画的に行う。

💬 なんのためのアイテム？

- ✓ より「きれいになった」を実感するため。

- ✓ 子どもたちの掃除に対する意欲を高めるため。

- ✓ 掃除をする際の視点を広げさせるため。

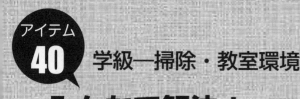

みんなで解決！
「画鋲の集合場所」

🌢 こんなことありませんか？

　1年間教室で過ごしていると，「先生，画鋲が落ちていました！」と拾ってくれる子が必ずいます。落としっぱなしにしていると大変危険ですし，気づいて拾える子になってほしいと思っています。

　もちろん，画鋲が落ちないようにしっかり留めることや，そもそも画鋲を使わない掲示方法など，教師は子どもたちの安全を第一に考えて掲示しなければならないでしょう。

　しかし，少なからず「画鋲の落とし物」があることは事実です。そうした時，子どもたちの行動選択を促せるような手立てが必要です。

❤ アイテムの使用例

　子どもたちに「画鋲が落ちていた時の行動3（スリー）」を示しておきます。①外れた箇所を見つけて刺し直す。②「画鋲の集合場所」に刺す。③見て見ぬふりをする。の3つです。そして，子どもたちに①②を推奨し，③は決してしてはならないことを伝えます。

　特に廊下で拾ったものや，くつの裏に刺さっていたものなど，どこに落ちていたかわからないものは，「画鋲の集合場所」に刺すことを強調し，必ず後で先生に伝えるようにさせます。拾った画鋲をどう処理すればよいかわかると，子どもたちも「③見て見ぬふり」をしなくなってきます。

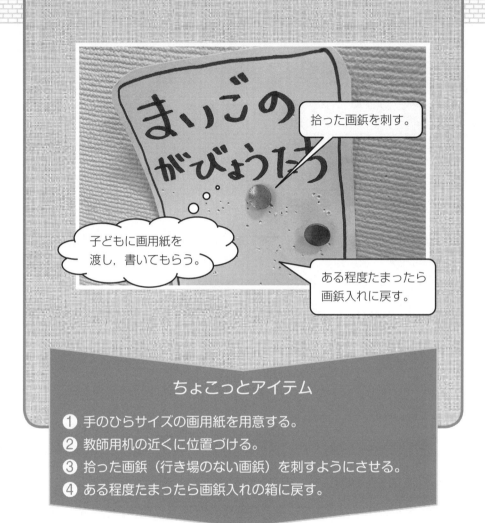

ちょこっとアイテム

① 手のひらサイズの画用紙を用意する。
② 教師用机の近くに位置づける。
③ 拾った画鋲（行き場のない画鋲）を刺すようにさせる。
④ ある程度たまったら画鋲入れの箱に戻す。

🗨 なんのためのアイテム？

- ✔ 子どもたちが，自分で考えて危機管理できるようにするため。
- ✔ 画鋲の処理方法を示すことで，見て見ぬふりをさせず，安全な行動に移させるため。

お洒落で安全に掲示できる
「マスキングテープ」

♦ こんなことありませんか？

　「なるべく画鋲を使った掲示は控えましょう。」「画鋲の上からガムテープなどを貼って，画鋲が落ちにくいように工夫しましょう。」のように，安全確保の視点から画鋲に対する危機管理の指導を受けることがあります。

　特に，体育館の掲示物において画鋲の使用を禁止する自治体もあります。

　しかし，学校生活において，画鋲なしで生活することは非常に難しいことです。教室の側面や背面，廊下の掲示や階段の踊り場の学年スペースなど，あらゆるところに掲示物があるからです。

　また，「画鋲の集合場所」（アイテム40）で紹介したように，必ず画鋲の落とし物があります。いつでも安全のことを考えなければなりません。

♥ アイテムの使用例

　昼休みの時間に，「オススメ係」の子が，漫画のオススメポスターを作って持ってきました。「掲示していいですか？」とのことだったので，「もちろんいいよ！」と言って「マスキングテープ」を用意しました。

　みんなに見えやすいところに貼った方がよいという意見を聞き，入り口に貼ることにしました。四隅をマスキングテープで留めると，「お洒落～！」と言い，笑顔で「ありがとうございます！」と言って遊びに行きました。

ちょこっとアイテム

① 貼りたい場所を子どもたちに決めさせる。
② 数種類のマスキングテープから選ばせる。
③ 四隅をテープで留める。

💬 なんのためのアイテム？

✔ 子どもたちの安全を確保するため。
✔ 子どもたちの主体性を育むため。

第2章　願いをかなえる「ちょこっとアイテム」60　95

学級―掃除・教室環境

持ち主がすぐに発見できる
「据え置きハンガー」

🌢 こんなことありませんか？

　体育館での運動着の忘れ物，着替えた後にポツンと残されたジャージ，グラウンドで拾った上着など，日常生活の中で衣類の忘れ物は「あるある」です。しかし，まさか自分のものとは思わない子どもたちは，「これ誰の～？」という問いかけにはなかなか反応を見せません。

　給食台の上や，先生机に置かれることが多く，目立たないまま時間だけが経っていきます。そして，忘れた頃に「先生！俺のでした！」のようなことがあります。

　スペースをとらない置き方で，子どもたちの目に触れやすい方法として，「ハンガー」を使ってみてはいかがでしょう？

❤ アイテムの使用例

　昼休みに，廊下のフックから落ちたパーカーを拾ってきた子がいました。記名されておらず，誰のものかわかりません。その場でみんなに問いかけても誰も反応がありませんでした。そこで，黒板横の棚に置いてあるハンガーを取り出し，ディスプレイするようにぶら下げました。机上のスペースを埋めることなく，子どもたちの目につきやすいようにしたのです。

　しばらくして，休み時間から帰ってきた子が「あ！それ俺のだ！」と言って取りにきました。パーカーは，無事に持ち主の元へ返りました。

ちょこっとアイテム

① ハンガーを2本ほど用意しておく。

② 落とし物があった時は，ハンガーにかけて見えやすい位置にかける。

③ 子どもの目につきやすいようにし，口コミなどで情報が広がるようにする。

🗨 なんのためのアイテム？

✔ 子どもたちが，自分のものを自分で管理する力を身につけるため。

✔ 落とし物でも大切に扱おうとする気持ちを育てるため。

使い勝手抜群！
「9分の1用紙」

♦ こんなことありませんか？

　子どもたちから，「先生，みんなにアンケートをとりたいんですけど！」と声をかけられたことはありませんか？また，ちょっとした「くじ引き」が必要になったことはありませんか？連絡帳を忘れた子に「メモ」のような紙をサッと渡せたらいいなと思うことや，「委員会の集合連絡」などの連絡を書いて渡せると便利だと思ったことはありませんか？

　教室で過ごしていると，どうしても「ちょっとした紙」が必要になる場合があります。そんな時，使い勝手のよい紙をあらかじめ用意しておくと便利です。

　このアイテムは，アイテム28「簡易メモ帳・指示」にも流用できます。

♥ アイテムの使用例

　子どもたちが，係活動の中で「『ポジティブな言葉』を募集したい」と相談にきました。「1枚の写真にポジティブな言葉を付け加える」という取り組みでした。その子たちが，「何かみんなに書いてもらって集められる紙はありませんか？」と聞いてきたので，あらかじめ用意していた「9分の1用紙」を人数分渡しました。

　一言書くだけのものは，この位のサイズ感がちょうどいいです。

ちょこっとアイテム

① Ｂ４サイズの用紙を９分の１程度に裁断する。

※裏紙を使う場合は，個人情報や機密情報等に十分注意する。

② 学級の人数の５倍ほどの枚数を用意しておくと便利。

🗨 なんのためのアイテム？

- ✔ 子どもたちの活動を随時サポートできるようにするため。
- ✔ 子どもたちが安心して活動を進められるようにするため。

提出物を簡単に管理できる
「右上 my ナンバー」

♠ こんなことありませんか？

　プリントを集めました。数えてみたところ人数分の枚数ではありません。誰かが出し忘れているかもしれない…。そんな状況，ありませんか？

　すぐに「出していない人？」と聞くものの，出てくるわけもありません。プリントを広げて数えるには場所に困る…。束ねた状態でササッと確認できればよいのですが…。

　そんな時は，「出席番号」を「右上に書く」方法はいかがでしょうか？

　プリントに記名させる際にクラスや出席番号を書かせます。しかし，中央付近に記名することが多く，確認する時には結局「1枚ずつめくる」しかありません。「右上」に書くことで，「角だけ確認」すれば済みます。

♥ アイテムの使用例

　プリントを回収する直前，「プリントの右上に四角を書きます。大きさは一辺が1cmくらいです。」と指示を出します。子どもたちのプリントを見ながら，ちょうどよい位置，大きさの子を見つけ，「このように書きます。」とプリントを見せます。全員書き終わった頃合いを見て，「四角の中には自分の出席番号を書きます。」と追加指示を出します。そして，「先生が『右上ナンバーを書きます。』と言ったら，このように書いてください。」と共通理解を図ります。できれば，1日に2回以上行って慣れさせるとよいでしょう。

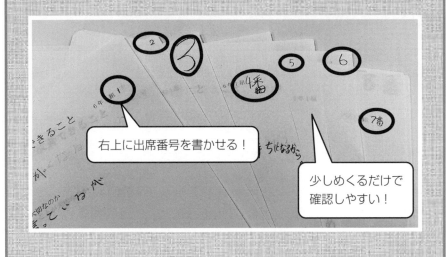

ちょこっとアイテム

① プリントの右上に自分の出席番号を書かせるようにする。
② 最初のうちは，印刷前に四角や丸で番号を書くスペースを
作ってもよい。

💬 なんのためのアイテム？

- ✓ プリントの管理を素早く正確に行うため。
- ✓ 子どもたちにも協力してもらって，仕事の効率化を図るため。

提出物の確認はこれ１つで OK！「日付つきハンコ」

♦ こんなことありませんか？

　提出物の確認をハンコで行います。喜んでもらおうと，子どもの好きなキャラクターやかわいいハンコを選んで押しました。「かわいい！」と評判の様子。しかし，「このキャラクターがいい！」とか「今度はあのハンコを買ってよ！」と言われるようになりました。それだけではありません。提出物のチェックをするのに，ハンコを押した後に日付を入れる作業がとても大変です。最初のうちはよかったのですが…。

　そんな時，「日付つきハンコ」を使ってみてはいかがでしょう？種類は１択なので，どのハンコを押すか迷いません。かわいいデザインのものもあります。日付も一緒に押してくれるので，時短につながります。

♥ アイテムの使用例

　宿題チェックで日付を入れていました。いつもサインペンで後から書いているのですが，とても大変です。そんな時，日付つきハンコを使いました。

　すると，チェックはハンコを押すだけなので時間を大幅に短縮することができました。短縮した分，子どもと一緒に遊ぶ時間が増えました。

ハンコはこの１種類。

日付つきでチェックが
簡単！

※画像は SANBY の製品です。

ちょこっとアイテム

❶ 日付つきハンコを教室に置く。
❷ チェックは全てこのハンコを使う。

💬 なんのためのアイテム？

✓ 子どもと向き合う時間を増やすため。
✓ 事務仕事の時間を短くするため。

いつでも記録できる「メモがわりデジカメ」

♦ こんなことありませんか？

　学級会で決めたことや，係分担など，黒板上で話し合ったことをノートなどにメモすることがあります。しかし，小休憩時間で完全にメモすることが難しく，次の時間のために黒板に書かれたことを消さなければならない…。そんなこと，ありませんか？

　また，話し合いが中断した際，次の時間にすぐ話し合いができないこともあります。その場合，続きは明日になります。しかし，話し合いの途中までの記録を思い出すのに時間がかかってしまいます。

　そんな時，デジカメや iPad を使ってみてはいかがでしょう？「今の状態」を手軽に記録できるのでとても便利です。

♥ アイテムの使用例

　席替えが行われた際に，班の中で役割分担を決めました。アイテム30で紹介した子どもたちの「自画像」を活用して，それぞれの役割分担を黒板上でわかりやすいように整理させました。

　その黒板を写真に撮って印刷し，ラミネートをかけて記録として残しておきます。すると，次の席替えの時に，その記録写真を見ながら次の役割分担をスムーズに決めることができます。

班の中での仕事分担！

班ごとに自画像を貼らせる！

パソコンに取り込んで印刷！

仕事—時短

ちょこっとアイテム

① メモしたい内容をデジカメで撮影し，保存しておく。

② 印刷したりデータ化したりしておくことで，情報を記録として保存する。

③ 教室に掲示したりラミネートしたりして，子どもたちと記録を共有する。

💬 なんのためのアイテム？

- ✓ メモする時間などを時短しつつ，確実に記録するため。
- ✓ 子どもたちとデータを共有するため。

すぐに印刷できちゃう 「マイSDカードリーダー」

♦ こんなことありませんか？

　子どもたちの輝く姿を写真に収めたり，お便りに載せるために掲示物や日常の風景を撮ったりすることがあります。そして，休み時間や放課後の限られた時間を使ってパソコンに取り込み，作業をします。

　しかし，学校には限られた SD カードリーダーしかなく，誰かが使っていると作業することができない。そんなことはありませんか？

　お便りへの写真の挿入であれば，先に文章を書いて時間をおいて作業することもできますが，休み時間などの「今印刷したい！」というタイミングでSD カードリーダーがないと，とても困ります。

♥ アイテムの使用例

　学級通信を毎日書こうと決めた年の4月に，SD カードリーダーを購入しました。通販サイトで1000円程度でした。色々な種類がありましたが，SDカードリーダーの他に，microSD カードリーダーや，通常の USB がついているものにしました。学校のデジカメや機器に対応できるものを買おうと思っていたので，実態に合わせた形で用意することができました。

　職員室の机の引き出しに入れ，いつでも取り出せるようにしました。職員室に戻るちょっとした時間でも，自分のタイミンングで作業することができ，ストレスなく学級通信を書くことができました。

ちょこっとアイテム

① SD カードリーダーを購入する。

② 引き出しで保管し，いつでも使えるようにする。

③ microSD や USB などが併用できるものがあるとより便利。

💬 なんのためのアイテム？

✔ 自分のタイミングで効率よく作業を済ませるため。

✔ 様々なタイプのメディアに対応するため。

アイテム 48　仕事—時短

記録の整理はこれ１つでOK！「写真用印刷機」

♦ こんなことありませんか？

　授業や行事の記録をとるために，カメラを使います。現像して写真にして残したいのに，印刷するのに手間がかかります。

　そんな時，写真用印刷機を利用してはいかがでしょうか？

　カードを挿すだけで，簡単に印刷できます。

　私の場合，板書の写真から授業記録を残したり，季節ごとに作った掲示物の写真を印刷して，ファイリングして記録を残していました。

♥ アイテムの使用例

　算数の時間に毎回写真を撮って授業記録を残すことにしました。ですが，写真を印刷するには手間がかかります。

　そこで，写真用印刷機を使うことにしました。

　授業の終わりに板書を撮影すると，すぐに写真を印刷することができます。それをファイリングすることで，授業記録を積み重ねることができました。

　授業記録だけでなく，記念品で使う子どもの写真や記録用の掲示物の写真など，すぐに印刷できるのでとても便利です。

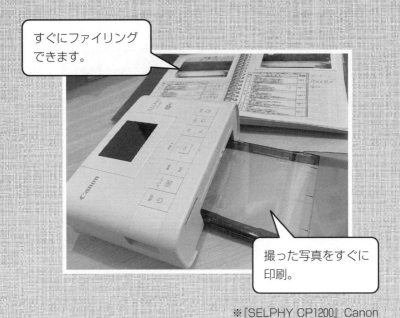

すぐにファイリング
できます。

撮った写真をすぐに
印刷。

※『SELPHY CP1200』Canon

ちょこっとアイテム

① 写真用印刷機を教室に置く。

② 写真を撮ったらすぐに印刷する。

③ 写真をファイリングして残す。

🗨 なんのためのアイテム？

✔ 撮った写真をすぐに印刷するため。

✔ 記録をすぐに残すため。

1日の教室仕事は全部ここ！「机 to do」

♦ こんなことありませんか？

教師の雑務はとにかく多いものです。例えば，
　・宿題のチェック　・提出物の確認（複数個）　・アンケート
　・集金　・プリントの丸つけ　　など
どれも，学級の人数分確認しなければいけません。多ければ40人近くも子どもはいます。私の場合，to do 表や付箋で管理していたのですが，ゴチャゴチャしてうまく使いこなせませんでした。

そんな私に合っていた仕事管理は「机 to do」でした。机の上にその日の仕事を全て置きます。「仕事をしよう」でなく「机の上から物をなくそう」とします。つまり，机の上から物がなくなればその日の雑務は全てこなしたことになります。

♥ アイテムの使用例

その日にやらなければいけないことがたくさんありました。1日の予定も詰まっていて，管理している時間もありません。そこでこのアイテム！

「机の上に置いてある物を全部なくそう！」

目に見えるのでどんどん仕事が進んでいきます。机の上に全ての仕事が置かれているので，もれ落ちも発生しませんでした。放課後に机をティッシュで拭いてきれいにして，忙しいその日を乗り切ることができました。

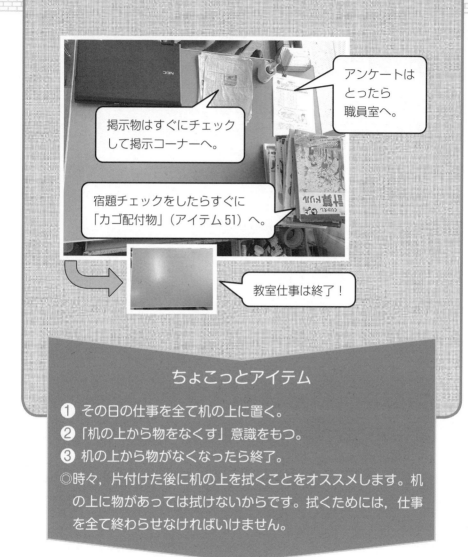

アンケートは
とったら
職員室へ。

掲示物はすぐにチェック
して掲示コーナーへ。

宿題チェックをしたらすぐに
「カゴ配付物」（アイテム51）へ。

教室仕事は終了！

ちょこっとアイテム

❶ その日の仕事を全て机の上に置く。

❷ 「机の上から物をなくす」意識をもつ。

❸ 机の上から物がなくなったら終了。

◎時々，片付けた後に机の上を拭くことをオススメします。机
　の上に物があっては拭けないからです。拭くためには，仕事
　を全て終わらせなければいけません。

🗨 なんのためのアイテム？

✓ 仕事の管理を目で見てわかりやすくするため。

✓ もれ落ちを防ぐため。

たまった仕事を一目で管理！
「バインダー to do」

♦ こんなことありませんか？

「あれ？あの書類はどこにやったっけ？」

紙媒体の多い学校現場。気がつくと必要な書類はどこかにいってしまいます。探し物に時間をとられてしまうと，作業の時間が短くなってしまいます。そんな時，バインダーで仕事を管理してみてはいかがでしょうか？

バインダーに書類を挟めば，書類がなくなることはなく，すぐに見つけることができます。また，本立てを使ってバインダーの置き方を工夫すれば，たまっている仕事を一目で確認することができます。

♥ アイテムの使用例

今回，用意したのは３つに分かれた本立てです。

左と真ん中の２つの部分を使います（一番右は必要な書類置き場です。今回のアイテムとは関係ありません）。

①真ん中部分に空のバインダーを立てて置きます。

②紙媒体の仕事がきたら，バインダーに挟んで左部分に置きます。

③今日行う仕事を，机に置きます。

④机に置いたバインダーの仕事が処理できたら，バインダーを空にして真ん中部分に置きます。

⑤左部分に置いた紙を挟んだバインダーがなくなれば仕事完了です。

真ん中部分に空のバインダー。

紙媒体の仕事をバインダーに挟み，左部分に置く。

バインダーを真ん中に移動して仕事完了です。

今日行う仕事は机に置く。

仕事—整理

ちょこっとアイテム

① 本立ての真ん中部分に空バインダーを置く。

② 紙媒体の仕事を挟んで左部分に置く。

③ 今日行う仕事を選び，すぐに目につく机の上に置く。

④ 仕事が完了したらバインダーを空にして真ん中に置く。

⑤ 左の本立てが空になったら，仕事は完了。

💬 なんのためのアイテム？

✓ 仕事のもれ落ちをなくすため。

配るものは全部ここ！
「カゴ配付物」

♦ こんなことありませんか？

「宿題の丸つけをしたのに配り忘れてしまった」「手紙を配付したと思ったら別の場所にあって，配り忘れてしまった」そんなことはないでしょうか？その原因として，配るものが色々な場所にあることが考えられます。そんな時，配るものを１箇所に集めてはいかがでしょうか？

この「カゴ配付物」のアイテムを使えば，システムとして配付物を１箇所に集められるので，教師だけでなく，子どもの目でも確認ができ，配り忘れがなくなります。

♥ アイテムの使用例

ある日，配るものがたくさんありました。宿題ノート，丸つけしたプリント，子どもたちに配るプリントが数枚…。配るものがありすぎて把握しきれません。このままでは，配り忘れができてしまいます。

そんな時にこのアイテムを発動。

「このカゴの中がなくなったら今日の配付物はゼロになるよ。」

子どもに呼びかけました。教師も子どもも１箇所に集められた配付物を確認することで，カゴの中身をゼロにすることができました。カゴの中がゼロになることで，配り忘れがなくなりました。

配るものは全部
このカゴへ。

カゴにＡ４レターケースを
針金でつけておくと便利！

なくなったら終了！

仕事─整理

ちょこっとアイテム

1 カゴとＡ４レターケースをつける。
2 配るものを全てこの「カゴ」に集める。
3 カゴの中をなくすために子どもに協力を依頼する。
4 教師と子どもでカゴの中を確認する。
5 中身がなくなったら終了。

💬 なんのためのアイテム？

✓ 配り忘れをなくすため。
✓ 子どもの力を借りながらよりよい学級をつくるため。

提出物を確実管理!
「バインダー提出物」

◆ こんなことありませんか?

「あれ?どこに保管したっけ?」

アンケートや調査書,児童理解表や行事の出席確認など,子どもからの提出物が多すぎて机の上がゴチャゴチャ。引き出しにしまったのですが,他の書類が多すぎて提出物を取り出すのにすら時間がかかってしまいます。

そんな時,バインダーで提出物を管理してみてはいかがでしょう?

バインダーを使うことによって,どんな提出物があるか一目で見て管理できるようになります。

♥ アイテムの使用例

用意するのは

・A4バインダー数枚　　・書類立て2つ

です。

右の書類立てに空のバインダーを横に立てて置きます。

提出物を集めたら,バインダーに挟み,左の書類立てに,バインダーを縦にして置きます。

これが,集め途中の提出物になります。

提出物1つにつき,バインダーを1枚使うことによって,バインダーの数で,提出物の「ある」「ない」が管理しやすくなります。

提出物をバインダーに挟み，左の書類立てで保管。

左の書類立ては空。
右の書類立てにバインダー。

揃った提出物は書類立てから取り出す。
左が空になったら提出物の管理は終了。

ちょこっとアイテム

① 空のバインダー数枚と書類立てを２つ用意する。
② 普段は，右の書類立てに空のバインダー，左の書類立ては何もない状態。
③ 提出物がきたらバインダーに挟み，左の書類立てへ。
④ 提出物が揃ったら提出先へ持っていく。
⑤ 左の書類立てが空になったら，提出物の管理は終了。

🗨 なんのためのアイテム？

✓ 提出物を確実に管理するため。

ちょっとしたプリントを収納する
「ノートにクリアポケット」

♦ こんなことありませんか？

　家庭から戻ってきた切り取りの短冊や，子どもたちが持ってくる PTA に関わる封筒の中身など，「ちょっとしたプリント」があります。学年等での打ち合わせに使い，子どもたちの指導のためにメモをした「ちょっとした用紙」があります。それらの小さい紙の収納に困ることはありませんか？クリアファイルに挟むには小さすぎ，机上に置いておけば埋もれてしまうようなプリントは，どのように管理すればよいか悩んでしまいます。

　サッと持ち運べて，紛失を防ぐ管理方法を考えなければなりません。

♥ アイテムの使用例

　クリアファイルを用意し，ノートの裏表紙に合わせます。大体この辺という目安をつけ（油性ペン等で印をつけるのもよい），ノートより少し小さめにハサミで長方形に切り取ります。角を丸く切り取ると，裂けることを防止できます。

　両面テープで裏表紙に貼り付けた後，セロハンテープやマスキングテープで辺の部分を補強します。

　さらに，クリアファイルの手前側を斜めに曲線になるように切り取ります。裏表紙に貼り付ける部分と段差をつけるイメージです。こうすることで，自分に合わせたサイズの「クリアポケット」を取り付けることができます。

ちょこっとアイテム

① クリアファイルを，ノートのサイズに合わせて切り取る。

② ノートの裏表紙などにテープで貼り付ける。

③ 一度切り取った後，手前側をめくりやすいように切るとよい。

🗨 なんのためのアイテム？

✓ 挟むだけでは落としてしまうような書類などを保管するため。

✓ 「切り取り」で家庭から届いた短冊（個人情報）などもまとめて保管するため。

スッキリと持ち運びできる 「カゴの中のブックエンド」

🔻 こんなことありませんか？

　教科書やドリルを持ち運ぶのに，「カゴ」を使っている方はたくさんいらっしゃると思います。大容量で入り口も広く，とても使いやすいですよね。

　しかし，入れる物が少ない時に「スカスカ」になってしまい，物が倒れてしまい，うまく整理できないということはありませんか？そんな時は，カゴの中にブックエンドを入れて使ってみてはいかがでしょう？

♥ アイテムの使用例

　ブックエンドを用意します。両側に倒れにくくなっている，中をくり抜いたような形のものです。単純なL字型は，片側に倒れやすいので，安定感が強いものを選びます。2つあると右のページのようにカゴの中を3分割できます。

　あとは，奥からファイル系，真ん中に教科書系，手前に手帳や配付物など，種類や重要度に合わせて入れていくと便利です。

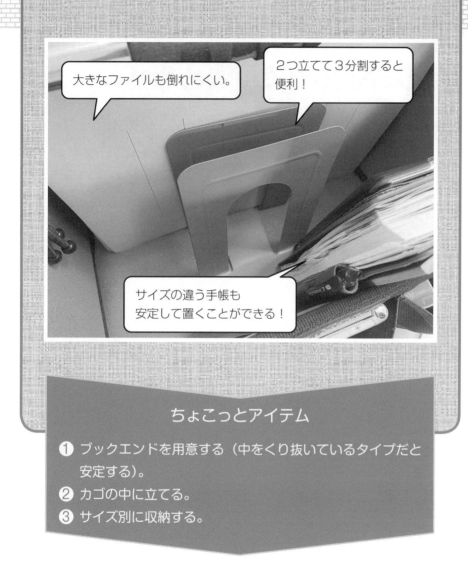

ちょこっとアイテム

① ブックエンドを用意する（中をくり抜いているタイプだと安定する）。

② カゴの中に立てる。

③ サイズ別に収納する。

🗨 なんのためのアイテム？

- ✔ 物が多いカゴの中をスッキリさせるため。
- ✔ 見分けやすく，見つけやすい状態をつくるため。

手帳と同サイズが決め手！
「管理用名簿」

♦ こんなことありませんか？

　週予定はＡ４サイズで配付されることが多いのでＡ４のノートを使う，月別の予定を確認するためにＡ５サイズの手帳を買う，学校で配られる教務必携はＢ５サイズ…のように，教師が仕事で使う「手帳やノート」は多く存在します。さらにファイルを準備する方もいるのではないでしょうか。

　困ったのは「管理用名簿」でした。「個人情報」が多いので取り扱いに困りました。手帳に書き込めば安易に持ち歩けなくなり，別冊にすると使いたい時にサッと使えなくなります。しかし，「サイズの統一」をすることで，課題がクリアされ，持ち運びも使い勝手もよくなりました。

♥ アイテムの使用例

　新年度や新学期，書店に並ぶ手帳を選びました。年によってサイズを変えていましたが，「Ａ５サイズ」の手帳を選びました。同時に「Ａ５ノート」も購入しました。児童名簿をＡ５サイズに縮小コピーし，10枚ほどノートに貼り付けました。これで，手帳と名簿ノートの２冊を手にすることができました。ノートを手帳の後ろに挟み込めば，常に持ち運びができて便利です。さらに，名簿ノートは放課後に手帳から外して保管するので，安易に持ち出すことがなくなりました。

手帳と同じサイズの薄手のノートを用意する！

常に持ち運ぶ手帳やノートのサイズを決める。

ノートのサイズに合わせて名簿を縮小コピーし，貼り付ける！

ちょこっとアイテム

❶ 普段使いの手帳やノートの大きさを決める（Ａ5・Ｂ5・Ａ4など）。

❷ 手帳と同じサイズのノートを用意する（最低30ページあると十分）。

❸ 名簿をノートのサイズに縮小コピーし，10枚ほど貼り付ける。
※転出・転入の可能性を考え，学期ごとに貼り足すとよい。

🗨 なんのためのアイテム？

✓ 1つにまとめられ，コンパクトにすることができるため。

✓ 別冊を用意することで，不必要に持ち出さないようにするため。

テストやプリントがぴったり収まる
「サイズ別棚」

♦ こんなことありませんか？

　年度はじめや，学期はじめには「テスト」が大量に届きます。教室出入口付近の廊下に置かれるパターンや，給食の配膳台に置かれるパターンなど，様々な形で教師の手元に届きます。

　私の場合は，「今すぐに使うものではない！」という理由から，しばらく段ボールの中に「寝かせて」おいて，その都度出して使うようにしていました。しかし，その段ボールの場所に困ったことと，見た目が美しくない（笑）という理由から，「何とかきれいに収納できないものか？」と考えていました。

♥ アイテムの使用例

　ホームセンターに行き，「Ａ３サイズのベニヤ板」を購入しました（今考えたら，教材会社から「Ａ３の版画板」を購入してもよかった）。そして，板を支えるように，両端に角材を並べ，ボンドで留めＡ３サイズの棚を作りました。年間定位置なので，特に壊れることなく10年使っています。Ａ４サイズの棚は，100円均一で調達したものを使用します。

　この棚を用意してから，教室に配られたテストやプリント類を即時収納することができています。学期はじめは，回収物も多く，教室に物があふれています。そんな中でも，スッキリ収納することができました。

ちょこっとアイテム

❶ Ａ３とＡ４の棚を４教科分用意する（もちろん，自作でなくてもよい）。

❷ ４段に国語，算数，理科，社会，を分けて入れる。

💬 なんのためのアイテム？

✔ テストを置く定位置を決めておくことで，棚の整理整頓ができるため。

✔ テストの全体像を把握することで，見通しをもって指導するため。

1日の書き仕事はこれ1本でOK！
「多色ボールペン」

◆ こんなことありませんか？

「必要な筆記用具はたくさんあるはず！」

そんなことを思い，大きな筆箱を使っていました。

しかし，いざ筆記用具を使う時に筆箱を開けてみると，落とし物の鉛筆や消しゴムばかりで必要な用具をなかなか見つけられません。

そんな時は大きな筆箱をやめて，「多色ボールペン」を1本用意してみてはいかがでしょう？

テストや宿題の丸つけ，提出物のチェックや記録など，これ1本で1日の仕事をこなすことができます。

探す時間もなくなって，時短にも大きく役立ちます。

♥ アイテムの使用例

テストの丸つけをしようと思って筆箱を開けました。しかし，中にあるのは芯の折れた鉛筆や消しゴムばかり。落とし物が集まっているようです。必要なペンがなかなか見つけられません。

「探す時間がもったいない…」

そんな時にこのアイテムを発動！多色ボールペン1本だけなので，持ち運びも楽で探す時間がなくなりました。1日の書き仕事もこの1本だけでこなすことができるようになりました。

探し物の
時間が減ります。

学級の書き仕事は多色ボールペンで
ほとんどできます。

ちょこっとアイテム

① 多色ボールペンを用意する。
② 書き仕事をこれ１本でこなす。

💬 なんのためのアイテム？

✔ ペンを探す時間をなくして時間短縮につなげるため。

その場でファイリングできちゃう
「出張先ミニパンチ」

♦ こんなことありませんか？

初任者研修に始まり，校内研修や職員会議など，「紙ベース」の資料はとても多いです。

研修へ出向くと，受付で資料を渡されたり，座席に資料が置いてあったりします。しかし，会議が進む度に資料をゴソゴソと探したり，使い終わった資料を端に寄せて置いたり，煩わしさを感じることはありませんか？

そんな時は，「ミニパンチ」を持参してはいかがでしょうか？

会議や研修で資料が配られたらすぐに「ミニパンチ」で穴を開け，ファイルに綴じ込むことができます。綴じ込むことで，会議や研修前に軽く目を通したり，会議中に必要な資料をすぐに見つけたりできます。

会議や研修前に資料整理ができているので，保管も簡単です。

♥ アイテムの使用例

会議や研修で座席に座ったら，まず穴あけパンチを出して全ての資料に穴を開けます。レジュメを見ながら資料の順番を整え，ファイリングします。

さらに，開始までの数分で，インデックスをつけます。ファイルに綴じ込むことで続きが明確になり，先に作業できます。

ファイリングして目を通すことができるので，会がスタートしてもスムーズに資料と照らし合わせて会に参加することができました。

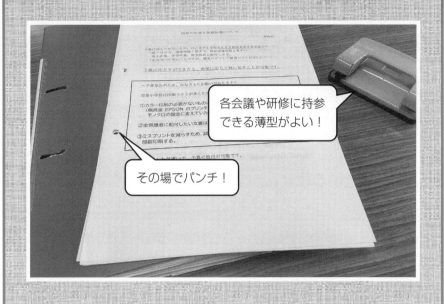

ちょこっとアイテム

❶ コンパクトで薄いタイプの穴あけパンチを購入。

❷ 「カバン用」などと決めて持ち歩く。

❸ 各会議や研修に持参し，座席に着いたらすぐに穴を開けて綴じ込む。

🗨 なんのためのアイテム？

- ✔ 会議や研修後の「一手間」を解消するため。
- ✔ その場で綴じることによって，資料紛失を避けるため。
- ✔ 関係書類をまとめることができ，管理を行き届かせるため。

使い道アレコレ！
「大きな輪ゴム」

♦ こんなことありませんか？

　年度はじめにたくさんのテストが教室に届きます。テストには「大きな輪ゴム」がついています。すぐに捨ててしまいがちな「大きな輪ゴム」ですが，とっておくと，色々な使い方ができます。

♥ アイテムの使用例

①桜の絵の募集がありました。締め切りは５月でしたが，桜の花は４月上旬には散ってしまいます。早めに描いたものの，３週間ほど保管しなければなりませんでした。そんな時，大きな輪ゴムが役に立ったのです。崩れることなく，保管することができました。

②本校では，夏季休業明けの持ち物をまとめておく角２封筒があります。表紙には持ち物一覧表が貼り付けられ，冬休みにも使用するものでした。２学期の間保管しなければならず，同じように大きな輪ゴムで束ね，学年用の教材室で保管することができました。

③体育係用の体操カードを作りました（アイテム20）。手首につけて使いたいと思いました。しかし，通常の輪ゴムでは小さく，紐を使うには手頃なものがありませんでした。そこで，大きな輪ゴムを活用し，手首にぶら下げるようにしました。子どもたちもうれしそうに使ってくれました。

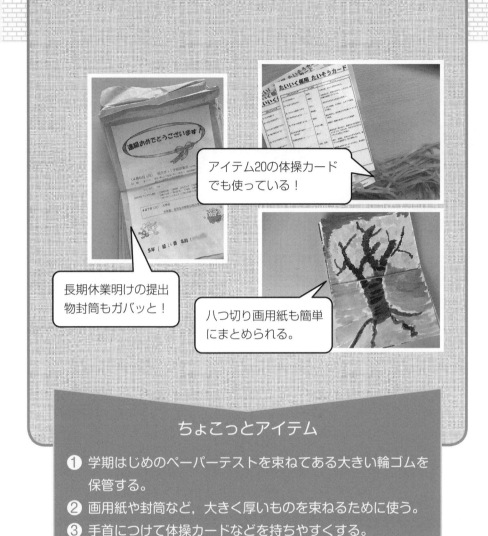

アイテム20の体操カード
でも使っている！

長期休業明けの提出
物封筒もガバッと！

八つ切り画用紙も簡単
にまとめられる。

ちょこっとアイテム

① 学期はじめのペーパーテストを束ねてある大きい輪ゴムを
保管する。

② 画用紙や封筒など，大きく厚いものを束ねるために使う。

③ 手首につけて体操カードなどを持ちやすくする。

🗩 なんのためのアイテム？

✔ 回収した時にかさばりやすいものを，安定して束ねるため。

✔ 通常であれば捨ててしまうようなものを活用し，効率よく作業するため。

アイテム
60 仕事―メンタル

アンガーマネジメントに効く
「ポケット磁石」

♦ こんなことありませんか？

　子どものしたことに対して，怒りを感じてしまうこと，ありますよね。人間の怒りは6秒我慢すればおさまると言われています。しかし，頭ではわかっているのに，沈めるのは難しいものです…。

　そんな時，磁石を使ってアンガーマネジメントをしてみてはいかがでしょう？ルールは簡単！

　①ポケットにいくつか磁石を入れる。

　②その磁石の個数が怒りを感じていい回数。

　③怒りを感じたら逆のポケットに移動する。

　これを続けると，怒りの感情を客観的に見られるようになります。慣れてくると，触るだけで怒りがおさまります。

♥ アイテムの使用例

　学級が落ち着かずにイライラしていました。つい強い口調で「静かにしなさい！」と言ってしまったので，ポケットの磁石を1つ動かしました。

　それからしばらくして，また落ち着かない雰囲気でした。イライラして注意しようとした時に，ポケットの磁石を触りました。すると，

　「周りの人のことも考えようね。」

　と，優しく伝えることができ，無駄に子どもを叱る機会が減りました。

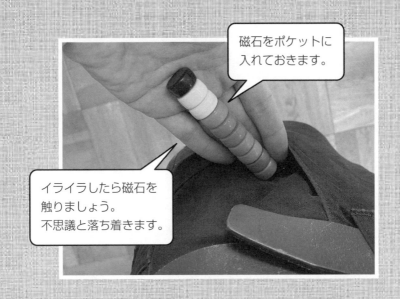

磁石をポケットに
入れておきます。

イライラしたら磁石を
触りましょう。
不思議と落ち着きます。

ちょこっとアイテム

❶ ポケットに磁石を入れる（数はその人による。10個がオススメ）。

❷ 怒りを感じたら磁石を逆のポケットに動かす。

※たくさん動いても自分を責めないでください。「今日はたくさん動いちゃったなぁ」と思うくらいで大丈夫です。

仕事―メンタル

🗨 なんのためのアイテム？

✓ 怒りの感情を客観的に見るため。

✓ 6秒間，怒りをおさえるため。

※金大竜先生（大阪府）のご実践を参考にしました。

お わ り に

　初任の年を終え，いよいよ教室移動が迫った３月末のことでした。ベテランの先生が，教室で荷造りをしていました。笑顔が素敵な先生で，子どもたちからも慕われている先生でした。

　その先生は，たった１つの段ボールで教室を出ようとしていました。思わず，「先生，荷物それだけですか？！」と聞くと，「そうだよ。ずっとそう。俺，この段ボールに入らないものは持ち歩かないんだ。ここに来て，ずっとこのダンボール。」と笑顔で話してくれました。

　私は，その足で自分の教室に戻りました。そして，教室にあふれかえる「モノ」の価値や意味を考え直しました。「何のためのグッズなのか」「何がしたくて残している道具なのか」を問い直してみたのです。

　それから，思い切って「モノ」を減らすようにしていきました。１年間使っていない「モノ」はどんどん処分しました。数回だけ使う機会のあった「モノ」は，「来年捨てるカゴ」に入れました。そして，残す「モノ」を明確にするようにしました。

　何年か経つうちに，教室移動が随分楽になりました。使わない「モノ」が減り，本当に必要な「モノ」だけが手元に残るようになっていったからです。

　それらは，私自身に必要であり，子どもたちにとっても必要な「モノ」になりました。今回，そうした「モノ」が「ちょこっとアイテム」として命を吹き込まれたのです。私と髙橋は，「ちょこっとアイテム」が，

　　❖　授業でも，学級経営上でも役立つ
　　❖　初任やベテランなどを問わずに活用できる
　　❖　年度や学年が変わっても使うことができる
　という教室の願いをかなえるアイテムだと考えています。

十数年経った今でも，あのベテランの先生のように段ボール１つで教室移動ができるわけではありません。でも，あの先生にとって本当に必要なアイテムだけが入っていたのだろう…と考えることができます。長い教職経験で得た技術が，少ないモノでも授業や学級経営を成立させていたのだと思います。

　学校現場で働いていると，「あったら便利」なアイテムにたくさん出会います。備品や消耗品として買ってもらいたいアイテムや，個人で手軽に買えてしまうような100円均一のアイテムもあります。

　今回書かせていただいた「ちょこっとアイテム」の中にも，当たり前のように自費で購入したモノが入っていたり，学校の備品があったりするからこそ成立しているアイテムがあります。

　しかし「ちょこっとアイテム」は，「自腹で購入して実践してください！」「学校でぜひ買ってもらってください！」という提案ではありません。
　教師という職業を支えるためのアイテムには，どのようなものがあるか，目の前の子どもたちにとって，どんなアイテムがあればよいかを考えるきっかけにしてほしいという願いで紹介しています。

　私も髙橋も，授業や学級経営で悩みがなかったわけではありません。たくさんの苦い経験を経て，ここまで踏ん張ってきました。
　もしかしたら，本書の中には全国各地で実践されている，「あるある」のアイテムが多いかもしれません。そうした「ちょこっと」をみなさんと共有でき，さらなる「願い」が生まれたら，この上ない喜びです。

古舘　良純

【著者紹介】
髙橋　朋彦（たかはし　ともひこ）
1983年千葉県生まれ。現在，千葉県小学校勤務。令和元年度第55回 実践！ わたしの教育記録で「校内研修を活性化させる研修デザイン」が特別賞を受賞。文科省指定の小中一貫フォーラムで研究主任を務める。教育サークル「スイッチオン」，バラスーシ研究会，日本学級経営学会などに所属。算数と学級経営を中心に学ぶ。
著書に『授業の腕をあげるちょこっとスキル』『学級づくりに自信がもてるちょこっとスキル』（明治図書）『明日からできる速攻マンガ　4年生の学級づくり』（日本標準）などがある。
［執筆 No. 1～3, 7, 9～11, 13～15, 17, 19, 21, 22, 25～29, 32～34, 37, 45, 48～52, 57, 60］

古舘　良純（ふるだて　よしずみ）
1983年岩手県生まれ。現在，岩手県花巻市の小学校勤務。平成29年度 教育弘済会千葉教育実践研究論文で「考え，議論する道徳授業の在り方」が最優秀賞を受賞。近隣の学校で校内研修の講師を務めたり，初任者研修の一環等で道徳授業を公開したりしている。バラスーシ研究会，菊池道場岩手支部に所属し，菊池道場岩手支部長を務めている。
著書に『授業の腕をあげるちょこっとスキル』『学級づくりに自信がもてるちょこっとスキル』（明治図書）『成長の授業』『菊池道場流　道徳教育』（中村堂・分筆担当）などがある。
［執筆 No. 4～6, 8, 12, 16, 18, 20, 23, 24, 30, 31, 35, 36, 38～44, 46, 47, 53～56, 58, 59］

学級経営サポートBOOKS
教室の願いをかなえるちょこっとアイテム

2021年 1 月初版第 1 刷刊　Ⓒ著　者　髙　橋　朋　彦
2021年11月初版第 4 刷刊　　　　　　古　舘　良　純
　　　　　　　　　　　発行者　藤　原　光　政
　　　　　　　　　　　発行所　明治図書出版株式会社
　　　　　　　　　　　　　http://www.meijitosho.co.jp
　　　　　　　　（企画）佐藤智恵　（校正）武藤亜子
　　　　〒114-0023　　東京都北区滝野川7-46-1
　　　　振替00160-5-151318　電話03(5907)6703
　　　　　　　　　ご注文窓口　電話03(5907)6668
＊検印省略　　　　　　組版所　広研印刷株式会社

本書の無断コピーは，著作権・出版権にふれます。ご注意ください。

Printed in Japan　　　　ISBN978-4-18-385628-9
もれなくクーポンがもらえる！読者アンケートはこちらから